기분 좋은 일은 매일 있어

내가 의지하는 것들로
마음은 지키고
인생은 재밌게

기분 좋은 일은
매일 있어

바쿠@정신건강의 지음 | 최화연 옮김

봄빛서원

한국 독자 여러분, 안녕하세요!

저는 일본에서 X(구 트위터)를 통해 익명으로 이런저런 생각을 공유하는 정신건강의학과 의사 '바쿠'입니다.

발달장애가 있어 어렸을 때 학교에서 괴롭힘을 당한 적이 있습니다. 등교를 거부했으나 부모님은 제가 집에 있는 것을 용납하지 않으셨지요. 제 이야기를 들으려고도 하지 않고 그저 "학교에 가라"고만 하셨습니다. 그때 저는 심리상담사가 되는 것이 꿈이었지만 당시에는 심리상담사와 관련된 국가자격증이 없던 터라 부모님은 제 꿈을 인정해주시지 않았습니다. 그래서 대학과 진로에 대해 고민이 참 많았습니다.

괴롭힘이나 부모님의 불합리한 처사 속에서 딱히 가진 돈도 없던 제가 빠져든 것은 다름 아닌 '독서'였습니다. 이 책의 주제이기도 한 '좋은 의존'을 형성함으로써 제 인생은 구원받았습니다.

'부모님께 인정받을 수 없다면 스스로 일어설 만한 능력을 갖추자!'라는 생각에 원래 문과였던 저는 이과로 방향을 바꿨습니다. 지금도 학창시절 독서로 '교과서를 읽고 이해하는 능력'을 갖춘 점이 의과대학에 합격하는 데 큰 영향을 미쳤다고 생각합니다.

마음이 무거울 때 재밌는 책을 읽으면서 위로를 받습니다. 어떤 피해를 받아 경찰이나 변호사에게 제가 처한 상황을 설명해야 할 때 무슨 일이 있었는지 문장으로 표현해내는 능력도 독서를 통해 길러졌습니다. 현재 의사로 일하면서 엄청난 양의 문서 작성도 수월하게 소화하고, 생각을 전하는 책을 쓸 수 있게 된 것도 독서로 언어 능력을 꾸준히 쌓아왔기 때문이라고 20년 전 제게 말해주고 싶습니다.

지금 한국에서는 괴롭힘 문제가 사회문제로 다뤄지고 있는 듯합니다. 이러한 문제에 대해서 일본은 후진국이라는 생각을 지울 수가 없습니다. '남을 괴롭힌다'는 일종의 '나쁜 의존'으로 자신의 체면을 유지하려는 사람이 많지만 그런 행위는 결코 정당화될 수 없습니다.

이 책에서는 '사람은 반드시 무언가에 의존한다'라는 조금 충격적일 수 있는 이야기를 나누려고 합니다. 나아가 의존에는 '좋은 의존과 나쁜 의존'이 있으며 의존의 메커니즘과 위험한 의존을 미리 파악하고 피해야 한다는 것, 그리고 의존을 슬기롭게 활용하는 힘의 중요성에 대해 전하고자 합니다.

'무언가에 한번 의존하면 빠져나올 수 없다'는 생각은 착각입니다. '의존 대상이 여러 가지면 안 된다'라는 말도 옳지 않습니다. 걸을 때 사용하는 지팡이처럼 자신을 돕는 도구로 '의존'을 생활에 적절히 활용해보세요. 의존이라는 지팡이가 여러분의 인생을 조금 더 편안하게 만들어주리라 믿으며 기쁜 마음으로 이 책을 한국 독자들에게 전합니다.

독자 여러분이 더 나은 인생을 만드는 데 이 책이 조금이나마 도움이 된다면 의사로서 그보다 행복한 일은 없겠지요. 삶이 무겁고 버거울 때 여러분에게 지팡이처럼 좋은 의존 대상이 함께하기를 진심으로 바랍니다.

좋은 의존을 찾으면 인생이 재밌다

'당신은 스스로 잘 살아갑니까?'

바로 대답이 떠오르나요? 애초에 스스로 잘 살아가는 상태란 무엇일까요?

맨 처음 질문에 대한 저 나름의 대답은 '무언가에 의지하며 그럭저럭 자립해서 살아갑니다'입니다.

이때의 '의지하다'는 '의존하다'와 같은 의미입니다.

혹시 지금 '의존? 그건 병 아닌가?' 하고 불안해졌나요? 원래 인간이란 무언가에 의존해서 살아가는 존재라고 생각합니다. 아기는 주변 사람의 돌봄에 의존해 살아가지만 아무도 그것을 병이라 여기지 않습니다.

어른도 마찬가지가 아닐까요? 다 커서도 어느 날 갑자기 "이 고된 인생, 아무것에도 기대지 말고 혼자 살아가세요!"라는 말에 "네! 알겠습니다!" 하고 순순히 따르기는 어렵겠지요.

저는 무언가를 의지하며, 즉 무언가에 의존해 살아가는 것이 자립이 아니라고는 생각지 않습니다. 이 메시지를 전하고 싶어서 책을 썼습니다.

영화 감상이나 미술관 관람이 즐겁고 좋아서 일에도 동기부여가 된다면 긍정적인 삶의 기쁨이자 좋은 의존이라 생각합니다. '좋아하는 사람을 위해서', '일 자체가 재밌어서' 다소 힘든 순간도 이겨낼 수 있다면 적당한 의존은 인생을 윤택하게 만드는 요령이 됩니다.

의존과 의존증의 차이

의존이라 하면 아무래도 알코올 의존증이나 인터넷 의존증처럼 자기와는 거리가 먼, 어쩐지 두려운 질병이라는 이미지를 떠올릴지도 모릅니다.

술이나 인터넷을 사용하는 사람 모두가 의존증이 되지는 않습니다. 국가도 법으로 규제하지 않지요. 현시점에서 의존증으로 발전하기 쉬운 물건이나 행동은 대부분 법률로 금지되어 있습니다.

의존과 의존증의 차이는 무엇일까요? 그 차이는 어쩌면 사소하게 보일 수도 있습니다.

- '무언가에 열중한 상태'라면 의존
- '무언가에 열중해서 그것 때문에 생활이 곤란해졌는데도 멈추지 못하여 의료 등의 개입이 필요한 상태'라면 의존증

성인이 되면 다들 마시는 술은 어떤가요? 알코올 의존증·중독에서 오는 부정적인 이미지도 있지만, 주류 광고 속에서는 저마다 흥겨운 분위기에서 기분 좋게 술을 즐깁니다. 코로나19 덕분에 내키지 않는 회식 자리가 많이 줄어 '친구나 가족과 즐겁게 마시는 술'이라는 이미지도 생긴 듯합니다.

술을 즐겁고 기분 좋게 마신다면 아무 문제가 없습니다. 같이 술을 마시는 친구가 주량을 넘기고 갑자기 화를 내는 등 이성을 잃는다면 어떨까요? 이럴 때 뒤처리는 오롯이 취하지 않은 사람 몫입니다. 그가 옛일까지 끄집어내 시비를 걸고 이기지도 못할 술을 마셔 구토까지 한다면 그야말로 정이 떨어질지도 모릅니다.

다음날 "어제 너무 많이 마신 거 아니야?" 하고 슬쩍 알려주었더니 상대가 "그래? 기억이 하나도 안 나네. 어쨌든 술자리에서 있었던 일이니까 잊어버려!"라면서 미안해한다면 그나마 다

행입니다. 전혀 반성의 기미를 보이지 않는다면 어떨까요? '아, 다시는 이 사람과 술을 마시지 말아야겠다'라고 다짐하면서 거리를 둘 테지요.

취한 후의 일을 기억하지 못한다면 현재 위험한 단계일지도 모릅니다. 소위 필름이 끊기는 현상을 블랙아웃이라고 합니다. 블랙아웃이 나타나면 의료의 개입이 필요한 시점일 수 있습니다.

반대로 당신이 상대방과 같은 행동을 했다고 가정해봅시다. 친한 친구로서 좋은 관계를 유지해왔는데 술을 마시고 필름이 끊겼다고 칩시다. "술 마시다 보면 그럴 수도 있지 뭐!"라고 적반하장의 태도를 보인다면 어떨까요? 친구 사이는 자연스럽게 소원해지겠지요.

'술자리에서 편하게 마신 건데 과장해서 받아들이는 친구가 속좁은 사람이다'라고 생각한다면 그렇지 않습니다. 술을 마시고 필름이 끊기거나 난폭해지는 행위 또는 폭언을 내뱉는 행위는 사회 규범에서 한참 벗어나 있으니까요.

누구나 무언가에 기대어 산다

'나는 의존과는 거리가 먼 사람이야. 술을 안 마시니까'라고 생각하는 사람도 있겠지요. 하지만 무엇인가에 의존하지 않는 사람은 없습니다. 사람은 술 외에도 다양한 것에 의존하며 때로는 자기도 모르게 곤란한 상태에 빠집니다.

지금 유행하는 SNS도 예외는 아닙니다. 인스타그램, 트위터, 틱톡 등 종류도 다양합니다. 전 세계 몇십만, 몇백만 명이 일상에서 이용하는 SNS에 대체 무슨 문제가 있을까요?

재밌게 즐겨야 할 SNS도 자칫 잘못 사용하면 나쁜 의존으로 발전하기 쉽습니다. '고작 SNS가 의존이라니 과장 아닌가?'라고 생각할 수도 있지만 의존도가 높아지면 일상생활이 곤란한 의존증이 되니까요.

이 책의 목표는 의존하는 마음, 즉 의존 멘탈을 좋은 에너지로 바꿔서 인생에 활용하는 것입니다. 목표를 이루기 위해 의존에 대해 조금 더 세부적으로 나누어 살펴볼까요.

- 몰입 수준을 스스로 조절할 수 있어서 마음에 삶의 의욕과 활력을 주는 의존 – **좋은 의존**
- 빠져 있는 대상에 휘둘리며 곤란해진 상황에서도 그만두지 못하는 의존 – **나쁜 의존**
- 그만두기 위해서는 의료 등 제3자의 개입이 필요할 정도로 스스로 제어가 불가능한 의존 – **의존증**(질병)

자신의 SNS 게시물에 '♥(좋아요)'가 늘어나면 기분이 좋아집니다. SNS 사용자라면 누구나 공감할 테지요.

음식 사진을 올리는 계정을 만들어 매일 식탁 사진을 게시하는 사람이 있습니다. 맛있게 요리해서 멋진 그릇에 색 조합까지 고려해 근사하게 담아냅니다. 이처럼 가족을 위한 요리에 푹 빠져 있다면 좋은 의존입니다. 게시글을 보는 사람도 즐겁고 요리법을 참고할 수도 있겠지요. 맛있는 음식을 마음껏 먹는 식구들도 분명 행복할 것입니다.

가족을 위한 요리가 아니라 '보여주기 위한 요리'가 되기 시작하면 이야기가 달라집니다. 실제로 요리를 하다 보면 게시용 사진 촬영에 집착하는 사람이 많다고 합니다. 좋은 사진을 얻으려면 카메라나 조명 등 고급 장비가 필요하다면서 가계에 부담이 되는 지출을 감행합니다.

가족 내에서 '그 돈으로 맛있는 음식을 사먹으면 좋을 텐데'라는 불만이 새어 나옵니다. 촬영보다 뒷전으로 밀린 식구들의 고충이 있어도 좀처럼 그만둘 수가 없습니다. '♥(좋아요)'가 받고 싶기 때문입니다. 매일 새 게시물을 올리지 않으면 팔로워가 줄어듭니다. 본인도 점점 지쳐가지만 멈출 수가 없습니다.

이런 상태에 이르면 요리나 SNS 업로드를 멈추고 싶어도 멈추지 못하고 스스로 통제할 수 없는 나쁜 의존이 됩니다.

오랜만에 친구를 만났는데 친구가 대화에 집중하지 못하고 휴대폰을 도통 손에서 놓지 못한다면 어떨까요? 친구와 이런저런 이야기를 나누고 싶은데 친구가 "나 요즘 아이돌 그룹에 빠져 있어!"라고 말합니다. 일방적으로 친구가 자신의 관심사만 쏟아낸다면 당신은 어떤 생각이 들까요? 아마도 앞으로는 거리를 둬야 할 상대라고 느끼지 않을까요? 반대로 당신이 그 친구처럼 행동한다면 상대방도 당신을 '멀리해야 할 사람'이라 생각할 것입니다. 빠져 있는 대상에 휘둘려서 상황이 곤란해져도 그만두지 못하니까요.

적당히 즐기며 행복하게 살기

무언가에 빠져 있는 것 자체는 긍정적인 일입니다. 삶의 즐거움이 되고 생활에도 활력을 불어넣습니다. 직장이나 학교에서 다소 힘든 일이 있어도 마음 한구석에 '며칠만 지나면 고대하던 그날이다!'라는 생각이 일상을 행복하게 합니다.

다만, 너무 열중한 나머지 주변의 눈총을 받고 어느새 나 혼자 덩그러니 남게 된다면 상황은 달라집니다. 최악의 사태를 예방하고 적당히 열중하면서 의존 멘탈을 삶의 에너지로 슬기롭게 활용하는 방법을 찾을 수 있다면 더없이 좋겠지요.

정신건강의학과 의사로서 지금까지 다양한 의존증 환자를 진료하면서 만났습니다. 여러분은 어떤 사람들이 의존증에 걸린다고 생각하나요?

'자제력이 부족하고 못난 사람' '힘든 일에서 도망치려는 나약한 사람'처럼 개인의 의지나 성격과 관련된 질병이라 생각하나요? 혹시 자신과는 전혀 상관없는 질병이라고 생각하지는 않나요?

의존증 환자를 만나고 치료하며 깨달은 점이 있습니다. '나와 환자가 전혀 다르지 않다'라는 사실입니다. 누구나 지나치게 열중하면, 즉 너무 의존하면 의존증으로 발전할 수 있습니다.

의존증 치료법을 고안한 사람은 의존증으로 힘들어하던 의사였습니다. 누구보다 의존증을 깊이 이해하는 의사도 의존증에 빠집니다.

이 책을 읽고 '○○에 너무 빠져서 생활이 흐트러진 상태'라는 자각이 들어 적당히 즐기며 살아가고 싶어질지도 모릅니다. 그렇다면 지금 상태에서 벗어날 기회를 만들어보세요.

의존증은 '부정의 병'이라고도 합니다. '나는 아니야. 다른 사람이랑 비슷한 수준인데 뭐'라고 느끼는 사람도 이 책을 읽으면 지금보다 삶이 조금 더 편안해질지도 모릅니다.

'적당히 살기'가 인생 목표인 제 관점에서 좋은 의존으로 날마다 행복하게 사는 비결, 나쁜 의존에서 벗어나는 요령 등을 하나씩 최대한 알기 쉽게 전달하겠습니다. 저는 트위터 의존입니다. 매일 엄청나게 봅니다. 그런 제가 어떻게 의존 멘탈에 맞서는지, 어떻게 의존 멘탈을 활용하는지 이야기를 나누려고 합니다.

내가 기대는 것이 아니라 누군가 내게 기대는 관계 의존도 있습니다. 누군가의 의존 대상이라고 자각한 사람이 있는가 하면, 이런 발상 자체가 낯선 사람도 있겠지요. 우리가 살면서 자연스럽게 타인에게 의존하듯이 타인도 내게 의존합니다. 누군가의 의존 대상이 될 때도 좋은 의존과 나쁜 의존이 있답니다.

이 책에서는 관계에서 타인이 나를 의존 대상으로 삼을 때 자기 마음을 보호하는 포인트를 짚어보겠습니다.

좋은 의존으로 에너지를 얻고 나쁜 의존에 힘들어지는 원리를 명쾌하게 알고 선을 긋는다면 인생은 더 행복해질 것입니다.

차례

3 내가 의지하는 것들을
인생 에너지로 얻고 살기 _ 좋은 의존 활용법

4 얻을 건 얻고 버릴 건 버리는
슬기로운 멘탈 관리 _ 의존 응용력 기르기

01

의지하고 산다는 것은 무엇일까?

'마음의 안식처를 찾느냐'
'마음의 병이 생기냐'의 선택과 차이

Q

진짜 취미를 알고 있나요?

"솔직하게 평소 자신의

모습을 돌아보세요."

"취미가 무엇인가요?" 참 자주 듣는 말입니다.

처음 만난 사람에 대해 알고 싶을 때, 어떻게든 대화를 이어가야 할 때 '일단 취미라도 물어볼까?'라며 건네는 질문이지요.

이 질문에 주저 없이 '제 취미는 ○○입니다' 하고 곧바로 대답할 수 있는 사람은 의외로 적지 않을까 싶습니다. 구직활동을 할 때도 입사지원서나 이력서에 취미를 적어야 하는 경우가 있습니다(왜 직장을 구하는데 취미를 알려줘야 하는지 모르겠지만요). 여러분은 여기에 '진짜' 취미를 쓰나요?

제 경우는 곰곰이 생각해봐도 가슴 펴고 당당하게 '바로 이것!'이라고 쓸 만한 취미가 딱히 없습니다. 솔직히 말하자면 자나 깨나 트위터, 게임, 인터넷 뉴스를 보는 사람인지라 진정한 취미는 '스마트폰 보기'가 되겠지만 공적인 서류에 그렇게 쓸 수야 없지요. 취미가 무엇인지 질문 받으면 우선 '독서'나 '미술작품 감상'을 꼽습니다.

실제로 책 읽기를 좋아하고 미술관이나 박물관에 가면 관람하는 데 푹 빠져 시간 가는 줄도 모르니까요. 그렇지만 온라인 서점에서 구매한 책이 도착해도 한참을 택배 상자째 두기도 합니다. 또 피곤한 휴일에 줄을 서면서까지 미술관이나 박물관에 가고 싶은 마음도 없고요.

그렇다면 역시 저의 진정한 취미(=빠져 있는 것)는 스마트폰 보기입니다. 아무리 피곤하거나 졸려도 온종일 스마트폰을 손에 쥐고 있습니다. 그럼 이것은 의존증일까요?

저는 사용이 금지된 곳에서는 전원을 끄고 스마트폰을 멀리합니다. 스마트폰에 중독된 사람은 그것이 불가능합니다. 이들은 시험 중이든 회의 중이든 스마트폰 알림이 신경 쓰여 안절부절 못하고 시험이나 회의에 도저히 집중할 수 없습니다. 만약 지금 그런 상태라면 사회생활에 문제가 생긴 상태, 멈추고 싶어도 멈추지 못하는 나쁜 의존 상태라 할 수 있습니다. 의존증처럼 병적인 수준이 되면 스마트폰을 빼앗겼을 때 초조함을 느끼며 화를 내거나 폭언과 폭력을 드러내기도 합니다.

이처럼 무언가에 빠져 있는 상태가 반드시 의존증을 의미하지는 않음을 어느 정도 이해했으리라 생각합니다.

사회생활에 문제가 생긴 상태란?

사회생활에 문제가 생긴 상태는 어떤 정도일까요?

연예인이나 캐릭터를 팬으로서 응원하는 '팬덤 활동'에 관한 사례를 들어보겠습니다. 정도의 차이는 있지만 많은 분들이 공감할 이야기입니다.

ㄱ씨는 한 인기 아이돌그룹의 팬입니다. 그룹 멤버 중에서도 A를 특히 좋아합니다. 가장 좋아하는 멤버, 이른바 '최애'가 A라고 자신 있게 말할 수 있을 정도로 푹 빠져 있습니다.

출근길에는 그 아이돌그룹의 노래를 듣거나 공연 영상을 보면서 즐거운 시간을 보냅니다. 직장에서 힘든 일이 있어도 '월급날에 맞춰 A의 굿즈를 예약해두었지!'라고 생각하면 일하는 데 동기부여가 됩니다. 그 그룹의 팬미팅에 가기 위해 가끔 휴가를 내지만 사회인으로서 문제없는 생활을 하고 있습니다.

이 정도라면 자기 조절이 양호한 좋은 의존입니다.

물론 이렇게 화를 내는 사람도 있겠지요. '회사는 팬덤 활동을 하기 위해서 다니는 게 아니야! 진지하게 업무에 집중해야지!' 또는 '휴가를 내서 공연이나 팬미팅에 가다니 말도 안 돼!'

근로자로서 허용되는 범위 내에서 휴가를 쓰고 공연 등을 직관함으로써 직장생활의 원동력을 얻는다면 고용자 입장에서는 근로자 스스로 노동력을 관리하는 상태이므로 오히려 바람직하게 여깁니다.

아이돌뿐만 아니라 스포츠(관전 또는 플레이), 음악, 영화 그 무엇이든 본업을 방해하기는커녕 버팀목이 되는 상태라면 최고의 의존이겠지요.

스스로 조절이 불가능한 상태의 나쁜 의존도 있습니다.

ㄴ씨도 같은 아이돌그룹의 팬입니다. 그룹의 멤버 중에서도 특히 B를 매우 좋아합니다.

B를 너무 좋아한 나머지 B가 나오는 본방송마다 챙겨보면서 전부 녹화하고 SNS에 감상을 올리는 것이 삶의 낙입니다. 설령 근무시간일지라도 B가 나오는 방송은 놓칠 수 없습니다. 볼일이 있는 척 화장실에 가서 몰래 실시간 방송을 봅니다. 얼른 퇴근해 자신의 마음과 생각을 SNS에 잔뜩 올리고 싶어서 견딜 수가 없습니다. 최애 멤버를 응원하기 위해서는 반드시 모든 공연과 팬미팅 회차에 가야 한다고 믿습니다. 유급휴가는 이미 다 써버렸지만 집에 안 좋은 일이 있다고 핑계를 대면 회사에서도 뭐라고 하지는 못합니다. 전국 투어 공연에 B를 따라다니려면 정규직 신분으로는 여러모로 성가신 일이 많아서 결국 회사를 그만두었습니다.

직장에 다니지 않으니 당연히 돈이 부족합니다. 그래서 부모님에게 '자격증을 따고 싶다'라는 거짓말로 용돈을 받아냅니다. 그래도 부족할 때는 B 외에 다른 멤버의 팬에게 "그룹 멤버들이 다 같이 묵는 호텔 정보 알고 싶지 않아?"라고 이야기를 꺼내 돈을 받고 정보를 팔기도 합니다. 참고로 ㄴ씨는 자기가 좋아하는

B의 팬들에게는 배타적인 유형입니다. 일을 마치고 집으로 돌아가는 B를 택시로 쫓아가 집도 어딘지 알아냈습니다. ㄴ씨는 지금 최고로 행복합니다.

'세상에 이런 사람이 어디 있겠어'라는 생각이 드나요? 팬이 연예인의 집을 알아내 불법 침입하는 사건은 실제로 드물지 않게 일어납니다.

특별한 인격의 소유자이거나 무슨 병이 있는 사람이 아닙니다. 실제로 평범한 사람인 경우가 많습니다. 의존도가 서서히 높아지면서 결과적으로 누구나 이런 상황에 이를 수 있습니다. 아마도 사소한 취미로 시작해 점점 빠져들었을 겁니다. 처음부터 깊게 빠지기가 오히려 더 어렵습니다.

그렇다면 무엇이 마음을 여기까지 오도록 만들었을까요. 무책임하게 들릴지도 모르지만, 그 이유는 자신밖에 모릅니다. 어쩌면 자신도 알 수 없을지도 모릅니다. '정신을 차리고 보니 이렇게 빠져 있었다'고밖에는 설명할 말이 없습니다.

아이돌뿐만 아니라 술도 마찬가지입니다. 처음에는 대학 동아리 환영회에서 조금 마셨을 뿐인데 술이 '세다', '대단하다'라는 말을 듣다가 어느새 술에 빠져 대학마저 자퇴한 사람도 있습니다. 이야기의 처음과 끝만 들어보면 '대체 무슨 일이 있었던 거야?' 라고 놀랄 정도입니다. 기분 전환이라는 좋은 의존에서 사회생활에 문제가 생기는데도 그만두지 못하는 나쁜 의존으로 정말 쉽게 넘어갑니다.

이유는 다양하지만 그중 한 가지는 달리 의지할 만한, 빠질 만한 대상이 없기 때문입니다. 하나의 대상에만 의존해 빠져 있으면 점점 더 기대게 됩니다. 그 정도가 심해져서 스스로는 통제할 수 없는 수준에 이르면 의존하는 마음에 자신의 에너지를 온통 빼앗기고 맙니다.

마음의 안식처가 되는 의존 대상을 '적당히' '여러 군데에' '의도적으로' 만드는 것이 집착하지 않고 적정 수준으로 열중하는 요령입니다.

Q

무언가에 의지해서 살아도 괜찮을까요?

"삶의 활력을 준다면

좋은 의존입니다."

의존이라는 말이 이상한 의미로 알려진 듯합니다. 원래 정신 건강의학과에서는 약의 특성상 위험한 의존에 관한 이야기를 자주 합니다. 용어의 의미가 잘못 알려졌는지 최근에는 내과 진료실에서도 "선생님, 제가 ○○에 푹 빠져서 ○○가 없으면 너무 괴롭습니다. 이것도 의존인가요? 그만둬야 하나요?"라고 묻는 환자가 있습니다.

그렇다면 이런 질문에 "그만두셔야겠네요" 하고 대답하는 경우는 언제일까요? 환자가 사회의 규칙을 지키지 못할 정도로 무언가에 의지할 때입니다.

고혈압 치료를 위해 내과에 정기 검사를 하러 온 중년 환자가 이런 말을 건넸다고 칩시다. "요즘 한국 드라마에 나오는 ○○ 씨 생각만 하면 가슴이 두근거려요! 드라마가 너무 기다려져서 종영하고 나면 어쩌나 불안할 지경입니다." 그러면 저는 웃으면서 "청춘이시네요!" 하고 대답하겠습니다.

용돈 범위 안에서 즐기는 정도라면 좋은 의존 대상을 찾은 셈이라고 웃어넘길 일입니다.

'어떻게든 ○○ 씨의 드라마 촬영지를 돌아보는 성지순례를 하고 싶은데 용돈만으로는 경비가 부족할 테고, 게다가 그동안 가족들 생활은 어쩌지? 에잇! 가족 몰래 살림 통장에서 경비를 충당하고 직장일이나 집안일도 내팽개치고 ○○ 씨가 있는 곳에 가야겠다!'라는 상황이라면 어떨까요?

이런 경우에는 가정이라는 하나의 사회에 폐를 끼쳐도 그만두지 못하는 나쁜 의존입니다. 아무 말 없이 갑자기 집을 떠나면 식구들은 당황하겠지요. 행방불명을 걱정할지도 모릅니다. 더군다나 살림 통장에서 돈을 빼냈으니 생활고를 겪을 수도 있습니다. 집세나 공과금을 내지 못하고 자녀는 학비가 없어 휴학할 수밖에 없는 최악의 상황이 벌어질지도 모릅니다.

나쁜 의존은 가족 구성원들의 신뢰를 잃게 만듭니다. 가정에서 자신의 자리를 빼앗아갑니다. 사회와 소속 집단의 규칙에서 벗어나는 수준에 이르러도 그 행위를 자제하지 못한다면 나쁜 의존입니다.

이쯤에서 의존이라고 다 같은 의존이 아니라 범위가 꽤 넓다고 느꼈나요? 네, 맞습니다. 생활에 활력을 주고 삶에 꼭 필요한 마음의 안식처인 좋은 의존이 자칫 균형을 잃으면 나쁜 의존, 의존 대상에 따라서는 의존증으로 발전합니다.

이 책에서는 부정적인 의존을 피하면서 마음의 안식처를 선택하고 의지하는 방법을 함께 살펴보고자 합니다.

정신건강의학과 진료실에서는 아무래도 마음의 안식처에 관해 이야기할 일이 많습니다. 마음의 안식처에는 아이돌이나 게임

외에 의사가 처방한 약도 포함됩니다.

약이라니, 의아해하는 사람도 많겠지요. '약을 마음의 안식처로 삼다니 바람직하지 않아! 당연히 나쁜 의존이지! 약물 의존증이야!'라고 생각할지도 모릅니다. 실제로 이런 점을 불안해하는 환자가 처방 약 복용을 임의로 중지하기도 합니다. 주치의의 처방 목적을 고려하지 않은 채 환자의 가족이 약을 그냥 폐기해버리는 경우도 있습니다.

정신건강의학과 약은 한번 먹기 시작하면 평생 끊지 못한다고 오해합니다. 과거의 사건과 세간의 소문 때문이지요. 심지어 정신건강의학과는 과다 처방으로 환자가 약물 의존증에 빠지게 만들고 계속 치료받게 하여 돈을 버는 곳이라고 인식하기도 합니다. 저도 온라인상에서 전혀 모르는 사람에게 '당신도 과다 처방하면서 환자를 돈벌이로 보는 의사 아닌가요?'라는 메시지를 받은 적이 있습니다.

정신건강의학과에 다니는 환자 대부분은 의존하고 싶어서 약을 먹는 것이 아닙니다. 의사는 "이 약은 잘못된 방식으로 사용하면 의존증이 될 수 있으니 반드시 지시에 따라 복용해주세요"라고 설명합니다. 그럼 환자들은 복용법을 따릅니다.

처방받은 약에 의존증이 생겼다면 복용법이 문제일 수도 있습니다. 일부 약은 지시대로 먹어도 '정량 의존' 상태가 되기도 합니다. 저는 그럴 우려가 있는 약은 아예 처방하지 않음으로써 의존증을 예방합니다.

약뿐만 아니라 술도 싫은 일을 잊기 위한 수단이나 취하기 위한 도구로 과음, 즉 남용을 반복하면 의존증이 됩니다.

마음의 안식처로서 무언가에 열중하여 그 에너지를 잘 활용한다면 의존은 병이 아닙니다.

자신도 모르는 사이에 마음의 안식처에 자기 행동이 지배당하고 사회적으로 중대한 문제가 발생하는 것을 알고도 또는 다른 사람에게 지적을 받고도 그 행동을 멈추지 못하는 상태라면 나쁜 의존입니다. 때에 따라서 의존증이라는 질병이 됩니다. 그 차이를 알면 됩니다.

Q

누구나 마음의 안식처가 있는 걸까요?

―――――――――――――――――――――――――――――――――

"그렇습니다. 없다고 생각한다면
아직 스스로 깨닫지 못했을 뿐입니다."

'곰벌레'에 대해 들어본 적 있나요? 곰벌레는 진공 상태에서도, 치명적인 방사선에 장시간 노출되어도 살아남는 최강의 생명력을 자랑합니다. 100도 이상의 고온이나 절대 영도(영하 273도), 초고압 환경에서도 살아남습니다.

어떤 것에도 의존하지 않는 존재라고 착각하기 쉽지만 사실은 다릅니다.

곰벌레는 극한 상태가 되면 생명 활동을 멈추고 생존을 이어갈 뿐입니다. 최강의 생명체조차 공기나 수분이 없으면 생명 활동 자체를 멈출 수밖에 없습니다. 결국 물리적인 공기나 수분에 의존해 살아간다는 뜻입니다.

고독하게 서 있는 아름드리 거목도 마찬가지입니다. 흙이라는 토대와 수분이 없으면 거목은 싹조차 틔울 수 없습니다. 도시의 벚나무는 자라는 동안 인간의 손길이 더해져 크고 곧게 가지를 뻗습니다. 모든 식물은 무엇보다 태양이라는 에너지가 있어야 광합성이 가능합니다.

지구상에 다른 것에서 에너지를 얻지 않고 존재하는 생명체는 없습니다. 인간도 음식을 먹지 않거나 병에 걸려서 죽으면 살수 없으니까요. 결국 이 세상의 모든 인간은 음식과 건강한 몸에 의존해서 살아갑니다.

인간은 그저 살아 있는 것만으로는 부족합니다. 근대헌법상 처음으로 생존권이 보장된 것은 1919년 독일에서 제정된 바이마르 헌법이었습니다. 그때까지 국가는 국민에게 살아가는 데 필요한 것을 보장하지 않았습니다. '평등'이란 '모두 평등하게 일을 시작할 수 있지만 그 결과가 가난이든 죽음이든 국가는 알 바 아니다'라는 식이었지요.

20세기가 되자 국가는 국민의 빈곤 문제를 신경 쓰기 시작했습니다. 국가의 관점에서 국민은 곧 국력이고, 국민을 지키지 못하면 국력이 떨어진다는 인식이 형성되었습니다. 이로써 국민의 생활을 헌법으로 보호하게 되었습니다.

모든 국민은 인간으로서의 존엄과 가치, 행복 추구권을 갖습니다. 국가는 개인 불가침의 기본적인 인권을 확인하고 이를 보장할 의무를 지닙니다. 어느 국민 누구나 인간다운 생활을 할 권리가 있습니다.

헌법과 법률에도 '인간답게 생활하려면 건강하고 문화적인 생활이 필수'라고 명시할 만큼 인간은 기본적인 물질과 정신적인 행복이 함께 충족되어야 잘 살 수 있습니다.

돈이 많다고 행복하지 않은 이유
물리적 의존의 한계

돈만 있으면 건강하고 문화적인 생활이 가능할까요? 돈만 있으면 다른 것에 기대지 않아도 인간은 행복해질 수 있을까요?

이와 관련해 주목할 만한 연구 결과가 있습니다.

인간은 물질적·금전적으로 풍족해져도 행복도가 일정 수준을 넘어서면 오히려 불행해진다[*]는 미국의 연구 결과가 있습니다.

돈이 많을수록 행복해질까요? 질문을 바꿔보겠습니다. 이 세상의 부자는 모두 행복할까요?

한 유명 음악가는 엄청난 부자였지만 불면에 시달렸습니다. 잠을 자기 위해 진정제를 사용하다가 세상을 떠나고 말았지요. 가까운 사람들에게 자기 돈을 빼앗길까 두려워 늘 불안에 시달리는 사람도 있습니다.

어떤 나이 많은 부자는 누가 봐도 돈이 목적인 듯한 나이 어린 배우자에게 살해를 당해 뉴스에 등장합니다. 돈을 모으는 데 집착한 나머지 마루 아래 돈이 담긴 항아리를 숨겨두고 아사하는 사람도 있습니다.

---

[*] Jebb, A.T., Tay, L., Diener, E. et al., "Happiness, income satiation and turning points around the world", *Nature Human Behaviour* 2, 33–38, 2018.

돈이 산처럼 쌓여 있어도 행복이 넘쳐나지는 않습니다.

감정이 있는 인간에게는 안식처가 필요하다
정신적 의존의 힘

인간은 감정을 가진 동물입니다. 감정이 있는 우리는 물질적으로 충족되어도 정신적 생활환경이 불안정하면 마음이 병들어갑니다. 불합리한 요구가 계속되는데 해결방법이 없거나 지속적으로 구타당하는 열악한 환경이라면 몸과 마음이 망가지겠지요.

그토록 강력한 생명력을 자랑하는 곰벌레도 다른 물질에 의존하지 않으면 단순한 생명 활동조차 이어가지 못합니다. 복잡한 감정이 있는 인간은 마음의 안식처 없이는 건강하게 살아갈 수 없습니다.

반대로 확실한 정신적 의존 대상이 있으면 이야기가 달라집니다. 물질적으로 다소 충족되지 않아도 사람은 무너지지 않습니다. 그것은 파트너나 인간관계, 일의 보람, 동물과의 교감일지도 모릅니다. 저마다의 가치관에 따라 달라지므로 정해진 답은 없습니다.

학교와 회사는 우리에게 이런 사실을 가르쳐주지 않습니다. 스스로 깨닫기도 쉽지 않습니다. 현대사회에서는 돈으로 물질적

인 충족을 누리기에 정신적으로 올바른 안식처를 찾는 일이 점점
더 어려워집니다.

"정말 다들 무언가에 의존하며 살아가나요?" 이 질문에 대한
저의 대답은 이렇습니다. "그렇습니다. 대부분 의존에 대해 제대
로 알지 못할 뿐입니다."

사람은 종교관이나 이론, 그저 즐겁게 살고 싶다는 욕망과 같
은 가치관에 의존합니다. 돈이나 음식, 명품 같은 고가의 물질에
기대기도 합니다. 의존 대상은 수없이 다양합니다.

이제껏 이런 사실을 모른 채 스스로 이해하기 어려운 감정 때
문에 괴로움에 시달린 분도 있겠지요. 이 책이 올바른 마음의 안
식처를 찾는 실마리가 되기를 바랍니다.

Q

의지하는 대상에
집착하지 않으려면 어떡하죠?

"한 가지에 의존하지 말고

그 대상을 여러 개 만들면 됩니다."

의식 또는 무의식중에 다른 존재를 의지하며 살아간다고 하면 혹시나 의존증으로 발전하지는 않을까 우려합니다.

여기까지 내용을 잘 따라온 독자라면 의존증 진료 경험이 없는 의사보다 의존증을 더 제대로 이해했을지도 모릅니다. 의존증은 생활에 지장을 주는데도 스스로 멈추지 못해 의료의 개입이 필요한 상태입니다. 특별히 곤란한 상황이 발생하지 않는다면 취미에 다소 많은 돈을 써도 의존증으로 보지는 않습니다.

그렇다고 본인이 곤란을 깨닫지 않으면 의존증이 아니라는 의미는 아닙니다. 쇼핑 의존증인 사람은 카드값을 못 내도 '큰일 났다! 쇼핑 그만해야겠다'라고 생각하지 않습니다. 알코올 의존증인 사람은 '술은 합법이니 괜찮아!'라며 자신이 취한 동안 일으킨 문제, 타인에게 가한 피해를 기억하지 못합니다. 마음 한구석에서 '위험한 상태인가' 하는 불안이 생겨도 '뭐, 괜찮겠지. 내가 무슨 의존증이야'라며 초조함을 부정합니다.

의존증은 자신의 상황을 정확하게 인식하지 못하는 '부정의 병'입니다. 나는 괜찮아도 주위에 피해를 주는데 그만두지 못한다면 의존증입니다.

나쁜 의존도 그렇지만 의존증은 발병을 알아채기가 매우 어렵습니다. 미리 의존증의 특징을 알아두고 예방하는 것이 현명하겠지요. 나쁜 의존과 의존증을 피하고 좋은 의존을 삶의 에너지로 바꾸는 예방법은 다음과 같습니다.

1 현재 특별히 자각하는 의존 대상이 없다면 마음의 안식처로서 안전한 대상을 찾아본다.
2 누구나 의존증으로 발전할 가능성이 있고 그때는 빠져나오기가 매우 어렵다는 사실을 인지한다. 사회적으로 문제가 발생하면 회복하기가 힘들다.
3 자신이 지나치게 빠져 있다는 생각이 조금이라도 들면 즉시 거리를 둔다. 빨리 멈출수록 회복도 빨라진다.

가장 도움이 되는 예방법은 한 가지에 의존하지 않는 것입니다. '한 가지가 아니라 여러 가지에 의존하기'라니 의아한가요? 이 요령은 어떤 대상으로든 응용해서 생각해볼 수 있습니다.

운동을 마음의 안식처, 즉 의존 대상으로 삼는 사람이 있다고 가정해볼까요. 운동은 즐기는 정도를 스스로 조절할 수 있으므로 비교적 좋은 의존이 형성되기 쉽습니다. 운동에도 지나치게 의존하면 문제가 발생합니다. 골프에 너무 빠져서 본업을 미뤄둔 채 골프만 치러 다닐 수도 있습니다. 고급 골프채가 갖고 싶어서 남의 것을 훔치다 체포되는 상황이라면 어떨까요. 사회의 규범을 깨뜨리는 수준에 이르면 운동도 의존증의 원인이 됩니다.

의존이 삶의 에너지가 되려면 한 가지 전제가 필요합니다. 아무리 심취해도 자기 생활에 필요한 일과 공부, 육아나 집안일 등을 절대 멈추지 않고 생활의 기반을 유지해야 한다는 점입니다. 생계를 유지하기 위해 돈을 버는 일, 자기정체성을 지키는 일 등은 지속해야 한다는 뜻입니다.

운동도 생활에 지장이 없는 범위 내에서 즐기면 좋은 의존이 되겠지요. 운동에만 의존하는 것은 위험합니다. 크게 다쳐서 운동하기가 어려워지면 마음은 버팀목을 잃어 무너지기 쉽습니다. 부상이 아니더라도 운동할 수 없게 되는 상황은 언제든 일어납니다. 어떤 대상이든 마찬가지입니다. 어떤 것에든 갑작스러운 끝이 찾아올 가능성이 있습니다.

집착과 초조함을 없애는
다양한 마음의 버팀목

사람은 왜 무언가에 빠지게 될까요? 이 원리를 알기 위해서는 우리가 어딘가에 심취할 때 뇌에서 어떤 일이 벌어지는지 살펴볼 필요가 있습니다. 무언가에 빠져 있을 때 뇌는 우리가 받은 자극에 의해 '도파민'이라는 신경전달물질을 분비합니다. 이 도파민

덕분에 우리는 행복하다고 느끼게 됩니다.

도파민 분비를 촉진하는 자극이 단 한 가지라면 어떨까요? 그 자극이 사라지면 뇌는 도파민을 내보낼 계기를 얻지 못해 한순간에 기력을 잃고 맙니다.

그 한 가지 예를 술이라고 가정해보겠습니다. 술을 마실 때마다 기분이 좋아진다고 매일 술에만 의존한다면 그는 분명 알코올 중독자가 될 확률이 높아질 것입니다.

또 다른 예로 한 사람과의 관계에만 의존한다면 어떻게 될까요? 특정인을 향한 집착으로 빠져 서로 힘들어질 수 있습니다.

이런 뇌의 작동원리는 의사가 환자에게 "의존증이니 지금 당장 그것을 끊으세요"라고 아무리 말해도 환자가 행동을 멈추지 못하는 이유이기도 합니다. 환자는 의존 행위를 멈추면 도파민을 얻지 못해 괴로워집니다. 결국 괴로움을 벗어나고자 다시 행동을 반복하는 것입니다.

한 가지에 의존해서 힘든 생활을 하는 사람들이 이해가 되었는지요? 처음에는 가볍고 자연스럽게 의존이 시작됩니다. 뇌의 작동원리를 인지하면 균형감을 가지고 스스로 조절이 가능합니다.

이제 우리가 일상에서 흔히 겪는 쇼핑과 에너지 드링크, 게임 의존에 대해 함께 알아보도록 하겠습니다.

쇼핑 의존증이 되기까지

1 비싼 제품을 많이 사면 점원이 눈에 띄게 친절하게 군다! → 자기긍정감이 높아진다고 착각한다.

2 돈을 쓰면 기분이 좋다! 이렇게 비싼 물건을 산다니 흥분된다! → 도파민이 분비된다.

3 그 물건이 갖고 싶은 것이 아니라 '쇼핑'이 즐겁다! → '산다'라는 행위를 참지 못한다.

4 대출을 받거나 친구에게 거짓말을 해서라도 쇼핑하고 싶다!

에너지 드링크 의존이 되기까지

1 카페인이 다량 함유돼 있어 마시면 머리가 맑아진다! → 카페인은 흥분 작용이 있어서 세계적으로 가장 많이 쓰이는 신경자극제다.

2 갑자기 끊으면 몸이 나른해지고 기분이 가라앉는다. 머리도 아프다. → 카페인 의존증이 되면 '신체 의존'이 형성되어 갑자기 중단하면 '금단 증상'이 발생한다.

3 그러니까 계속 마셔야지! 마시면 피곤하지 않고 기운도 나니까!

게임 의존이 되기까지

1 게임에서 적을 이기면 기분이 좋다! → 도파민이 나오는 행동이다.

2 게임에서 '무작위 뽑기'를 돌리면 더 강한 캐릭터나 무기를 얻을

수 있다! → 아이템만 있으면 실력이 없어도 상위에 올라갈 수 있으므로 도파민이 분비된다.

3 '무작위 뽑기'를 하려면 유료결제를 해야 한다. 돈이 들지만 돌려서 희귀 캐릭터가 나오면 엄청나게 기쁘다! → 파친코도 이와 비슷하다. 뽑기 형식은 꽝이 연달아 나온 뒤에 당첨이 되면 평소보다 뇌에서 더 많은 도파민이 분비되어 뇌는 계속 같은 강도의 자극을 원하게 된다.

4 식비를 줄이면 '무작위 뽑기'를 더 많이 할 수 있다. 이번 달에는 생필품도 사지 말자고 생각한다.

이처럼 어떤 행동이나 카페인, 알코올 같은 신경자극제로 도파민이 분비되다가 갑자기 멈추면 뇌에 커다란 반동이 생깁니다. 뇌는 어떻게든 그 자극을 다시 얻어 기분 좋은 상태를 유지하고자 행동을 유도합니다. 이를 '탐색 행동'이라고 부릅니다. 엄연한 질병인 의존증입니다.

탐색 행동의 경우 의존 대상이 적으면 그 의존 대상에 대한 집착이 더 강해집니다. 뇌는 다른 자극에도 기분이 좋아질 수 있다는 사실을 모르기 때문입니다. 좋은 의존이라도 마찬가지입니다. 마음의 버팀목이 여러 개 있어야 집착과 초조함을 멀리할 수 있습니다.

마음 편히 사는 슬기로운 의존 멘탈

한 가지에만 의지할 때는 그것에 문제가 생겨도 포기하기 힘듭니다. 어떻게든 그 끈을 놓지 않으려고 애쓰게 됩니다. 마음의 버팀목이 운동뿐이라고 칩시다. 의사가 "또 운동하면 다리가 아예 망가져서 평생 걷지 못하게 됩니다"라고 해도 '그래도 괜찮아! 나에게는 이것밖에 없으니까!'라며 억지를 부립니다. 그러다 정말 평생 걷지 못하게 될지도 모릅니다.

그가 운동 외에도 아이돌 팬덤 활동을 즐기고 있었다면 어떨까요? 운동 경기에서 이겼을 때 분비되는 도파민은 아이돌 공연 영상을 볼 때도 분비됩니다. 운동으로 얻는 도파민과 팬덤 활동으로 얻는 도파민에는 아무런 차이가 없습니다.

이 사람에게 장기나 체스처럼 앉아서 즐기는 취미도 있었다고 가정해봅시다. 다리 상태에 영향을 받지 않겠지요. 장기나 체스 경기로도 승리를 얻고 새로운 방식을 발견하면서 도파민을 얻을 수 있습니다.

도파민을 비롯한 '뇌 신경전달물질'은 의존 메커니즘을 이야기할 때 빼놓을 수 없는 핵심 원인이며 이것을 분비시키는 자극은 하나가 아닙니다. 그것을 이해하고 다양한 대상에 스스로 조절 가능한 수준으로 적당히 기대며 살아가는 것, 이것이 '슬기로운 의존 멘탈 활용법'입니다.

"취미를 여러 개 만들라니 어쩐지 불성실한 느낌이 듭니다. 금방 싫증 내고 집중을 못 하는 사람이라고 주변에서 부정적으로 바라볼 것 같아요"라면서 걱정하는 사람도 있습니다.

이를 회사로 비유하면 이해하기가 쉽겠지요. A라는 회사는 오직 B에서 사들이는 물건으로만 이익을 냅니다. 거래처가 B뿐이라면 B가 망했을 때 A 회사는 어떻게 될까요? 거래처 하나를 잃었을 뿐인데 도산 위험에 처하게 됩니다.

마음도 마찬가지입니다. 마음의 안식처가 한 가지뿐일 때는 자연스럽게 의존도가 높아집니다. 그 의존에 문제가 생기면 커다란 물리적·정신적 충격을 받을 수밖에 없습니다.

한 가지에 너무 빠지지 않기 위해서라도 마음을 기댈 수 있는 대상을 최대한 많이 준비해보세요. 인생이 한결 편해집니다. 전혀 불성실한 자세가 아닙니다. 의존증이라는 위험 예방에 더없이 유용한 삶의 요령이자 지식입니다.

지금 여러분의 좋은 의존 대상은 무엇입니까? 바로 떠오르지 않는다면 자신이 좋아하는 것, 흥미가 있는 것, 재미를 느끼는 것이 무엇인지 생각해보는 시간적인 여유를 가져봅시다. 마음의 소리에 솔직하게 귀를 기울여보세요. 분명 그 대상을 찾을 수 있을 것입니다.

미처 알지 못했던 나의 모습을 돌아보고 좋은 의존 대상을 찾는 습관은 마음을 건강하게 돌보는 데 중요한 일입니다.

의존에 관련된 기본 뇌 구조 살펴보기

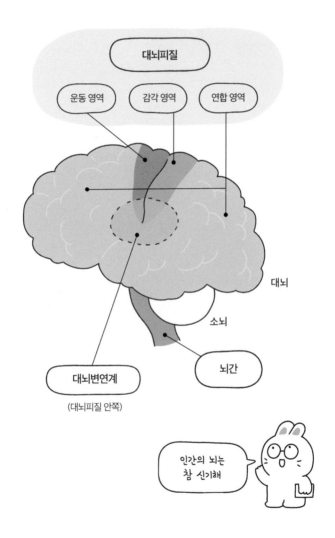

의존을 이해하는 데 도움이 되는 '뇌' 이야기

1 대뇌피질

외부에서 오는 자극에 가장 적합한 반응을 결정하는 '이성'을 담당한다. 인간에게 특히 발달한 부분으로 인지, 사고, 기억, 행동 제어 등 고도의 기능을 수행한다. 대뇌 표면을 덮고 있으며 영역에 따라 다른 기능을 가진다. 크게는 운동 영역, 감각 영역, 두 영역에서 얻은 정보를 통합하는 연합 영역으로 나뉜다.

2 대뇌변연계

감각신경이 전달되는 부분으로 불쾌한 일을 피하려는 '본능'을 담당한다. 인간 외의 동물에게도 발달한 부분이다. 외부의 자극을 기억하고 유쾌·불쾌, 공포, 분노, 기쁨 등의 본능적 감정이나 두근거림, 혈압 상승, 근육 긴장 같은 구체적인 반응을 일으킨다.

3 뇌간

호흡과 혈압 조절, 심장박동, 혈액순환, 삼키는 동작 등 필수적인 생명 활동을 담당한다. 그 밖에도 수면 리듬, 의식의 각성, 감각 처리 등 다양한 조절을 수행하는 무척 중요한 부분이다. 대뇌의 아래쪽에 있는 중뇌(중간뇌)·교뇌(다리뇌)·연수(숨뇌)를 합쳐서 뇌간이라고 한다. 계통발생학상 가장 오래된 뇌다.

대뇌피질의 작용과 의존 사이에는
어떤 관계가 있을까

이성 (대뇌피질)

본능 (대뇌변연계)

목적

토끼 모임에 가야지

도파민으로 연결되는 자극

평상시 대뇌피질의 통제를 받을 때

'자극을 받아 기분 좋아지고 싶다'거나 '싫은 일은 피하고 싶다!'라는 대뇌변연계의 작용에 제동을 건다. 주변 정보 등을 파악하여 필요에 따라 본능을 통제해서 더 많은 보상을 더 오래 얻게 한다.

참으렴!

먹고 싶어

자제한다

의존으로 연결되는 '자극'을 만났을 때
뇌에서 일어나는 일

술에 취해 대뇌피질의 통제를 받지 않을 때

자극에 바로 뛰어들어 먹고 화내거나 야생 상태의 동물로 돌아간다. 계획성이 없어서 단기간 적은 보상에 그친다. 인간 사회의 무리에서 생활하기 어려워진다.

ADHD나 통제력이 낮은 사람의 경우

통제 기능이 약해서 눈앞의 자극에 정신을 빼앗긴다. 시간이나 주의력 배분에 어려움을 느낀다. 결과적으로 장기적 목표를 달성하기가 힘들다.

02

나를 의지하는 사람에게
휘둘리지 않고 마음 지키기 – 나쁜 의존 착취 예방법

"너를 위해서야"라고 말하면
"나는 싫어"라고 거절하기

가족 관계

가깝지만 편하지 않다면

우리는 알게 모르게 다양한 집단에 소속되어 살고 있습니다. 개인에게 가장 작은 집단 단위는 역시 가족입니다. 친척이나 학교, 회사 등 점점 규모를 넓혀나가다 보면 최종적으로는 국가, 지구촌이라는 집단에 이르겠지요.

우리는 이런 집단 속에서 의식적으로든 무의식적으로든 타인에게 의지하며 살아갑니다. 당연히 반대로 타인이 내게 의지하기도 합니다. 이때도 나쁜 의존을 주의해야 합니다. 나쁜 의존을 하는 사람은 대체로 의존 대상인 상대방의 고충을 헤아리지 못합니다.

가족 관계 안에서 나쁜 의존 때문에 피해를 받을 때 적절한 대응법에 대해 이야기해보려고 합니다. 모든 집단 내에서의 대응

책을 담으려면 책이 사전처럼 두꺼워질 테니 먼저 최소 단위인 가족 내 의존을 짚어보겠습니다.

여러분은 부모님에게 좋은 의존을 하고 있습니까? 갑작스러운 질문이었나요? 곰곰이 한번 생각해봐도 좋겠습니다.

가족이 서로 좋은 의존 대상이라면 더없이 행복하겠지만 세상에는 그렇지 않은 경우도 많습니다. 이처럼 가족의 모습은 매우 다양합니다.

가정에서 학대받으며 자란 사람에게 부모란 빨리 도망치지 않으면 목숨이 위태로워지는 존재입니다. 전혀 과장이 아닙니다. 학대 유형에 따라서는 외부에서 알아채기 어려운 상황도 많습니다. 의식주를 보장하고 용돈도 주지만 존재 자체를 완전히 무시하는 정신적 학대도 있습니다. 실제로 사회 곳곳에서 이런 일들이 일어납니다.

또 무의식중에 자녀가 부모의 나쁜 의존 대상이 되는 경우도 있습니다.

'너를 위해서'라는 마음에 휘둘리지 말자

아이가 태어난 후 지극 정성으로 돌보는 엄마가 있습니다. 어릴 때는 화학첨가물이 들어가지 않은 식재료로만 이유식을 만들었습니다. 조금 자라 식사할 수 있게 되었을 때도 늘 원산지를 깐깐하게 따져 요리했습니다. 시판 과자에는 몸에 안 좋은 성분이 들어 있을지도 모르니 간식은 모두 손수 만들어 먹였습니다.

성장 발달에 좋다는 것은 뭐든 했습니다. 다양한 분야를 접할 수 있도록 이런저런 학원에도 보냈습니다. 학원까지 데려갔다가 데려오는 등 뒷바라지 하며 아이가 좋은 학교에 진학하기를 바랐습니다.

그 엄마는 "아이가 좋은 성적을 얻을 수 있도록 최선을 다했어요. 매번 학교가 끝나기를 기다렸다가 학원까지 데려다줬습니다. 도시락도 열심히 만들었지요. 격려와 응원도 했습니다"라고 말합니다.

엄마는 자녀를 위해 자신이 얼마나 헌신했는지 토로합니다. 자녀의 생각은 어떨까요? 여러분 중에도 부모의 극진한 정성과 돌봄으로 자란 사람이 있겠지요. 부모의 행동은 분명 선의에서 비롯된 것입니다. 우리는 타인의 선의를 저버리면 안 된다고 느끼지만 다른 관점에서 바라보면 부모의 선의는 자기만족일 수 있습니다. 자녀에게 마음의 짐이 되는데도 부모는 알아차리지 못할 때가 많습니다.

아이는 어머니가 '선의'로 만든 도시락을 먹느라 급식을 먹을 수가 없습니다. "왜 도시락을 먹어?"라는 친구들의 질문 공세가 괴로웠습니다. 학교 측에서도 처음엔 알레르기 때문이 아니라면 다른 학생들처럼 급식을 먹는 편이 좋지 않겠느냐고 권했지만 학부모의 서슬 퍼런 태도에 놀라 묵인할 뿐입니다.

아이는 친구가 먹는 과자도 먹어보고 싶습니다. 엄마에게 들키기라도 하면 길고 긴 훈계를 들어야 합니다. 방과후 친구와 놀러 가고 싶은 마음이 굴뚝같아도 매일 데리러 오는 엄마 차를 타고 학원에 갈 수밖에 없습니다. 아이는 이것저것 배우러 다니느라 몸이 녹초가 되었습니다. 엄마는 아이에게 웃으며 말합니다. "다 너를 위한 일이야."

위의 예는 부모와 자식 간 나쁜 의존에 해당합니다. 아이는 부모와 별개의 독립된 인격체입니다. 하지만 안타깝게도 많은 사람이 아이는 부모의 소유물이라고 착각합니다. 이런 착각의 연장선에서 자신이 걸어온 길 또는 못 이룬 꿈을 아이에게 강요하는 부모도 있습니다. 가업을 잇길 바라는 경우뿐만 아니라, 자신이 이루지 못한 꿈을 대신 이루기 바라는 부모의 마음 또한 자녀를 향한 나쁜 의존입니다.

자녀로서는 '그래도 나를 위해서 그러시는 건데……'라는 생각에 부모의 요구를 거부하기가 어렵습니다. 마음 한구석에서 선의를 거절하는 것은 나쁜 짓이라고 생각하기 때문입니다.

자기 생각을 강요하고 상대의 기분을 배려하지 않는 행동은 옳지 않습니다. 타인의 행동을 부정하거나 먹는 음식을 일일이 참견한다면 분명 이상한 사람이라는 평가를 받겠지요. 이런 행동의 주체가 부모일 때는 그 감각이 둔해집니다.

부모는 왜 아이가 꼭 그 학교에 가기를 바랄까요?

부모는 왜 아이가 꼭 그 직업에 종사하기를 바랄까요?

그저 자랑하고 싶어서일지도 모릅니다. 저희 할머니가 바로 그런 분이었습니다. 저는 중·고등학교에서 친구들에게 괴롭힘을 당했습니다. 그리고 진로를 정할 때 처음엔 문과로 진학했습니다. 그때 할머니에게 저는 '못난 손자'였습니다. 이과로 옮겨 의학부에 합격하자마자 할머니의 태도는 180도 달라졌습니다. "이 아이는 나를 닮아서"라며 입이 닳도록 자랑하셨지요. 거의 트로피 와이프에 맞먹는 '트로피 손자'였습니다.

저야 할머니와 함께 살지 않고 일상에서 자주 만날 기회도 없으니 그저 가끔 기분이 상할 뿐이었습니다. 매일 얼굴을 맞대는 관계였다면 분명 상황은 달라졌겠지요.

일상적으로 깊이 연결된 사람인 부모와 형제, 함께 지내는 조부모 등에게 계속 존재를 부정당하다가 환영받는 상황이었다면

'드디어 인정받았다'라는 기쁨이 먼저 찾아왔을지도 모릅니다.

기대를 받으면 자연히 기대에 보답하고 싶어집니다. 매우 자연스러운 감정이지요. 하지만 반드시 모든 사람의 기대에 부응할 필요는 없습니다. 자기 의사와는 관계없이 타인이 기대와 희망을 떠넘겨줄 때 "저는 싫습니다!"라고 말할 권리가 우리 모두에게 있으니까요.

부모의 기대가 자녀에게 늘 괴롭고 힘든 의존이 되는 건 아닙니다. 자녀 스스로 부모의 기대에 기쁨을 느끼며 진심으로 보답하고 싶어한다면 전혀 문제가 없습니다. 자신의 의지보다는 부담감이 행동을 제한하고 있다면 잠시 멈춰서 생각해볼 필요가 있습니다. 혹시 내가 부모의 기대라는 나쁜 의존에 휘둘리고 있지는 않은지 한번 곰곰이 생각해보면 좋겠습니다.

은혜를 갚으라는 부모의 나쁜 의존

부모와 자식 관계에서 나타나는 의존을 조금 더 살펴보겠습니다. 우선 '부모는 아이를 보살펴야 하는가'라는 매우 기본적인 사안입니다. 부모는 아이를 보살필 의무가 있습니다. 친권자인 부모는 아이를 기르고 교육받게 하며 심신 모두 건강하게 양육할

책임이 있습니다.

주위에서 종종 듣는 '지금까지 길러준 은혜를 갚지 않고'라는 부모 측 주장은 논리에 맞지 않습니다. 친권자인 이상 법적 책임이 있으므로 자녀 양육은 당연한 의무입니다. 그런데 '길러준 은혜'라니 조금 이상합니다.

당연한 일에 대해 은혜를 느끼라고 요구하는 부모는 자녀에게 나쁜 의존을 하고 있을 가능성이 큽니다. 이런 말을 들을 정도라면 아마 줄곧 부모 자식 관계가 그리 좋지 않았겠지요. 아이는 좋아하는 것, 하고 싶은 일을 허락받지 못하거나 하기 싫은 일을 강요당했을지도 모릅니다. 그중에는 의식주조차 보장받지 못한 사람도 있을 겁니다. 그런 상태에서 부모에게 '길러준 은혜'라는 말을 들으면 '은혜는 무슨 은혜!'라고 대꾸할 법도 한데 현실은 그렇지 않습니다.

'그래도 부모니까……'라는 생각에 망설입니다. 그러다 겨우 각오하고 인연을 끊으면 이번엔 속사정 모르는 주변 사람들에게 '매정한 사람'이라며 손가락질 당합니다.

부모가 당신에게 나쁜 의존을 하고 있나요? 그렇다면 "갚을 은혜는 없다"라고 당당하게 말할 수 있습니다. 매정하게 들릴 수 있지만 분명 자랄 때 힘든 일을 겪었다면 갚을 은혜가 없다고 생각하지 않을까요?

실제로 이런 경우 부모의 요구를 강요 당하는 상황은 좀처럼 끝나지 않습니다. 부모가 고령이 되어 간호가 필요해졌을 때는 "제대로 간호해라. 그것이 자녀의 의무다!"라고 주장합니다. 그야 말로 불행의 연속입니다.

부모의 나쁜 의존에 휘둘린 사람 중에는 아이를 키울 자신이 없다며 아예 자녀를 낳지 않는 사람도 있습니다. 부모에게 나쁜 의존을 당하고 있다면 끊어내도 됩니다. 당신에게는 끊어낼 권리가 있습니다.

형제자매 사이의 우월감과 열등감

형제자매도 당신에게 나쁜 의존을 하고 있을 가능성이 있습니다. 학교 성적으로 자신의 우월함을 드러내거나 반대로 "네가 좋은 성적을 받아서 내가 못한 것 같잖아!"라며 자신의 열등감을 당신 탓으로 돌릴 수도 있습니다. 어느 쪽이든 상대를 짓눌러 자기의 자존심을 지키려는 나쁜 의존입니다.

당신이 형제자매에게 열등감을 느끼는 상황이라면 우선 '타인과 비교하기'라는 행위를 멈춰보세요.

성적은 소속 집단의 수준과 개인의 재능, 노력이 복합적으로 작용한 결과입니다. 학교 성적은 꽝이었는데 사업으로 성공한 사람도 많습니다. 학교 성적에 그리 집착할 필요가 없습니다.

오래된 생각 습관을 하루아침에 바꾸기는 힘들겠지만, 이것만큼은 꼭 기억하기 바랍니다. 형제자매도 엄밀히 말하면 결국 남입니다. 남이 좋은 점수를 받으니 나도 반드시 그래야 한다는 강박을 내려놓으세요.

형제자매 간에는 성적만큼 외모를 비교하는 일도 많습니다. 부모조차 아무렇지 않게 비교하고 평가하는 말을 내뱉습니다. 가족 내에서 외모에 대해 부정적인 말을 듣고 자라면 자기 용모에 자신감을 느끼기가 어렵습니다. 이 또한 우월감이라는 나쁜 의존의 피해자입니다.

도저히 외모에 자신이 없어서 아무 것도 할 용기가 나지 않는다면 저는 미용 성형도 한 가지 방법이라고 생각합니다. 타인의 우월감이라는 나쁜 의존에서 벗어날 수 있는 좋은 의미의 도피라고 해도 되겠지요.

형제자매가 큰 병에 걸린 경우에도 나쁜 의존이 형성되기 쉽습니다. 아픈 형제가 있을 때 부모가 "우리가 죽으면 네가 이 애를 보살펴야 한다"라고 당부하는 일이 있습니다. 일종의 심각한 착취입니다.

본인이 원해서 아픈 형제를 돌보며 기쁨을 느낀다면 전혀 문제가 되지 않지만 진학, 취직, 결혼 등 자신의 행복을 희생하는 괴로움을 동반한다면 도움의 범위를 구체적으로 정해두는 편이 좋습니다.

자기를 희생해 남을 돕는 이타적 마음은 뇌의 만족감과 삶의 보람을 불러옵니다. 하지만 그 한 가지에만 기대고 있으면 갑작스러운 상실이 당신의 삶을 위태롭게 만들 수 있습니다. 당사자에게는 분명 힘든 이야기겠지만 삶의 보람, 즉 좋은 의존을 여러 개 만들어두세요.

필요한 순간에 마음을 지탱할 다른 버팀목을 미리 준비하세요. 사막의 오아시스처럼 힘들고 막막할 때 큰 도움을 줄 것입니다.

POINT

- 부모가 자녀를 양육하는 일은 친권자의 당연한 의무다. 자녀가 커서 은혜를 갚아야 한다는 생각은 나쁜 의존이다.
- 형제자매는 엄밀히 말하면 타인이다. 서로 비교하면서 우월감이나 열등감을 느낀다면 나쁜 의존이니 멈춰야 한다.

친구 관계

친하지만 잘되길 바라지 않는다면

인생에서 서로 좋은 의존을 형성하는 관계 중 하나는 단연 친구일 것입니다. 혈연처럼 주어진 인연도 아니고 오로지 상호 선의로만 성립된 관계입니다. 어떤 의미에서는 기적적인 관계입니다.

제 곁에도 소수정예의 소중한 친구들이 있습니다. 학창시절 제가 또래 그룹에 섞이지 못할 때도 개의치 않고 어울려준 친구, 오락실에서 같은 게임을 하다가 친해진 친구, 대학 동아리 동기 친구, 독서실에서 함께 국가고시를 준비한 친구. 다들 이해타산 없이 서로를 지탱해줍니다. 사소한 일로 싸웠다가도 화해하면서 지금까지 왔습니다. 요즘도 가끔 "잘 지내?" 하고 싱거운 연락이 옵니다.

사회생활을 한 이후부터는 친구 만드는 법을 잘 모르겠습니다. 직장 동료 중에는 메신저 아이디를 교환하고 시시한 농담을 나누고 싶은 상대가 없습니다. 환자와는 개인 연락처를 교환해서는 안 되고 업무상 관련이 있는 사람과는 일에 지장이 생길까 봐 다소 거리를 두는 편입니다.

기본적으로 직장에서는 업무가 원만히 진행될 만큼의 거리감이면 충분하지 않을까 생각합니다. '직장은 노동력을 제공하고 급여를 받는 곳'입니다. 원치 않으면 굳이 친하게 지내려고 애쓸 필요가 없습니다.

이때 관계의 선을 제대로 긋지 못하면 직장 동료와 반드시 친구처럼 가까워져야 한다고 착각하기 쉽습니다.

서로 대등해야 친구다

직장에서는 업무가 원만하게 진행될 정도의 커뮤니케이션은 당연히 필요합니다. 하지만 같은 직장에 근무한다는 이유만으로 친구가 될 필요는 없습니다.

직장 동료와 친구가 되고 싶은 사람도 있겠지요. 친구라는 관계는 어느 한쪽의 바람만으로는 성립되지 않습니다. 상대방이 원치 않는다면 친구는 될 수 없습니다.

친구는 상호 대등한 관계입니다. 상대방에게도 당신에게도 거부권은 있습니다. 대등한 입장이란 친구 관계를 유지하기 위해 매우 중요한 요소입니다.

초등학생 때 친했던 친구와 계속 가까운 관계를 유지하기란 생각보다 어렵습니다. 시간은 변화를 동반하기 때문입니다. 시간이 지나면 초등학생은 중학생이 됩니다. 공립중학교와 사립중학교로 나뉘면서 자연스레 멀어지기도 합니다. 구체적 요인은 물리적 거리일 수도, 가정의 교육방침이나 경제적 수준차가 될 수도 있습니다. 이 밖에도 예기치 못한 변수들은 언제나 존재합니다. 세상에 영원히 변치 않는 것은 없습니다.

인생의 중요한 지점을 지날 때마다 관계는 평면적으로 유지되지 않습니다. 취직, 결혼, 출산도 마찬가지입니다. 그 과정에서 소원해진 관계에 '이런 일로 멀어지다니'라며 연연하는 것은 과거에 집착한 나쁜 의존일지도 모릅니다.

관계에는 유효기한이 있다

아무리 나쁜 의존이라 해도 갑자기 생각을 바꾸기는 어렵겠지요. 저는 사람의 인연에는 유효기한이 있다고 생각합니다.

기한 내에는 아무리 환경이 달라져도 인연은 이어지고 기한이

지나면 사소한 엇갈림 하나로도 인연이 끊어지는, 단지 그런 것이 아닐까요.

가깝게 지낸 세월에 연연하며 과거에 얽매이면 현재를 보지 못합니다. 억지로 관계를 이어가려고 노력한들 그저 지치기만 할 뿐 인연은 다시 이어지지 않습니다. 인연의 유효기간을 받아들이면 '왜 그때 그런 말을 했을까. 그 말 때문에 우정이 깨져버렸어' 같은 의미 없는 후회가 조금은 줄어들지도 모릅니다.

친구가 갑자기 "더 좋은 회사에 취직했으니까 네가 한턱 내", "너희 집은 부자니까 이 정도는 해줘도 되잖아"라고 합니다. 당신도 내심 '그건 그래'라고 생각하고 친구 말대로 밥값을 내고 물건을 사줄 수도 있겠지요.

그러나 그 관계가 왠지 당신을 지치게 만든다면 친구가 당신에게 나쁜 방식으로 의존한다는 뜻입니다. 그 인연을 정리할 때일지도 모릅니다.

반대로 친구가 "내가 더 잘 버니까 내가 낼게", "우리 집은 여유로우니까 이거 너 줄게"라고 합니다. 이 발언 자체가 대등하지 않은 관계임을 나타냅니다. 우월감을 드러내며 스스로 만족하기 위한 행동입니다. 이때 그 사람 뇌에서는 도파민이 분비됩니다.

그런 상대방의 행동이 불쾌하다면 거절하세요. 당신에게는 거절할 권리가 있습니다. 자기만족을 위한 행위, 즉 당신에 대한 타인의 나쁜 의존은 이런 형태로도 나타납니다.

친구가 당신에게 나쁜 의존을 하고 있다면 그저 인연의 유효 기간이 끝났다고 생각하세요. 인연이 다한 관계에 끙끙대며 고민하지 않기를 바랍니다.

상대가 힘들어할 때 도움의 손길을 내미는 행동은 친구로서 지극히 자연스러운 일입니다. 소중한 친구를 도와주고 싶겠지요.

오로지 상대의 이익을 추구한 일이라면 진정한 이타적 행위입니다. 그 결과로 뇌에서 도파민이나 옥시토신이 나왔을 뿐입니다. 마음 쓰지 마세요. 누군가에게 무언가 해주고 싶고 그에 대해 아무 보답이 없어도 개의치 않는다면 전혀 문제가 없습니다. 다만, 여기서 포인트는 상대가 받아들이기 쉬운 형태여야 한다는 점입니다.

친구를 가장한 적, 프레너미

친구 관계에는 '너를 위해서'라는 형태에 '우월감'이 숨어 있는 나쁜 의존도 흔히 나타납니다. 어떤 것인지 한번 살펴볼까요?

취직 후 일만 하며 지낸 A씨는 스스로도 너무 일에 파묻혀 살았다는 점을 잘 알고 있습니다. 대학 친구들 중에 만날 때마다 "일만 하지 말고 연애도 좀 해"라고 다그치는 동창 B씨가 있습니다. 그때마다 마음이 불편했지만 나름대로 신경 써서 해주는 말이라 생각하며 이렇게 대답하곤 했습니다. "지금은 일만 하기에도 벅차서." 말은 그렇게 해도 기분이 썩 좋지는 않았습니다.

일만 하던 A씨에게 마음에 드는 사람이 생겼습니다. 상대는 헬스장에서 자주 마주치는 남성입니다. 인사만 하는 정도였지만 평소에 없던 두근거림에 조금씩 기분이 좋아졌습니다. 그런 와중에 친구들과의 점심 모임에 나가게 되었습니다.

그 자리에서 A씨는 "조금 신경 쓰이는 사람이 생겼어"라며 살짝 말을 꺼냈습니다. 다른 친구들은 "우와 잘됐다!" "아직 고백 안 했어?" 하고 화기애애한 질문을 이어갔지만 평소 연애하라고 다그친 B씨는 달랐습니다. "뭐? 헬스장? 어떤 사람인지도 모르는데 수상하지 않아?"라며 정색했습니다.

'뭐지? 그토록 연애하라고 하더니……'라는 생각에 A씨는 가슴이 답답해졌습니다. B씨의 말이 틀리진 않습니다. 실제로 상대가 어디 사는 누구인지도 모르니 분명 걱정해서 하는 말일 것입니다. "맞아. 어떤 사람인지도 몰라. 그냥 짝사랑이야" 하고 맞장구 치면서 화제를 돌렸습니다.

얼마 후 우연히 그 남성과 엘리베이터를 함께 탔습니다. 상대가 이름을 밝히며 A씨에게 말을 걸었습니다. '이전부터 눈여겨봤다, 오늘 우연히 같이 엘리베이터에서 타서 말을 걸었다, 지금 무척 긴장된다, 이상한 사람이라고 생각해도 어쩔 수 없지만 괜찮으면 연락처를 교환하고 싶다'면서 부담스럽게 느끼지 않을 정도의 제안을 했고 기꺼이 연락처를 교환했습니다. 그 후 몇 번인가 연락을 주고받고 식사 약속을 한 상태에서 또 대학 친구들과 모임이 있었습니다.

이번에도 B씨는 언짢은 듯이 "유부남이면 어쩌려고?"라고 물었습니다. "그런 얘기는 안 했어. 이제 처음 만나서 밥 먹기로 한건데"라는 말이 채 끝나기도 전에 "어디서 만나?"라고 묻습니다. 식당 이름을 대자 B씨의 입에서는 그 식당의 험담이 줄줄이 쏟아집니다. 그런 식당을 고른 남자의 센스를 알 만하다는 등 비판의 말도 덧붙입니다.

일만 하지 말고 연애를 하라던 B씨가 도대체 왜 그러는지, 어쩌라는 것인지 A씨는 도통 알 수가 없습니다.

직접 겪지는 않았더라도 이런 장면이 낯설지 않은 사람이 분명 꽤 많으리라 생각합니다. 혹시 '프레너미'를 아십니까?

프레너미frenemy란 'friend(친구)'와 'enemy(적)'의 합성어입니다. 프레너미는 마치 당신 편인 척하면서 당신에게 잔소리하듯

조언합니다. B씨는 A씨의 프레너미입니다.

언뜻 보기에 걱정하는 것 같지만 실제로는 상대방의 행복을 바라지 않습니다. 정확하게는 상대방이 힘들어하는 상황을 보일 때마다 우위의 입장에서 조언하는 자기 자신에게 취해 있습니다.

그런 사람을 만족시키는 일은 영원히 불가능합니다. 신경 쓸 필요가 없는 상대입니다. 걱정하는 척 마음을 착취하는 프레너미의 조언에 응할 필요는 없습니다. 이는 전혀 미안한 일이 아닙니다.

용기를 가지고 상대의 나쁜 의존을 떨쳐버리세요. 친구란 상호 좋은 의존을 하는 관계입니다. 한쪽의 인내로 유지되는 관계는 친구가 아닙니다.

- 관계에도 유효기간이 있다. 마음을 불편하게 하고 힘들게 하는 친구는 그 인연을 이어갈 필요는 없다.
- 한쪽의 인내로 유지되는 관계는 친구가 아니다. 나쁜 의존 관계는 정리하는 게 좋다.

타인 관계

싫지만 혼자인 게 두려워서 맞춰준다면

가족 그리고 친구라는 가까운 사람과의 의존에 대해 살펴보았습니다. 마지막으로 그 외의 사람들, 이른바 '타인'에게 의존하는 상황을 이야기해보려 합니다.

전혀 모르는 사이의 남이 아니라 어느 정도 교류가 있는 타인도 있습니다. 친구라 할 만큼 친하지 않은 학교 동창이나 회사라면 동료나 선·후배 직원이 되겠지요. 타인 중에서도 가까운 편에 속하는 '직장 내 인간관계'를 알아보겠습니다.

직장에서 당하는 착취 끊어내기

입사 동기인 두 사람이 있습니다. 대학을 갓 졸업하고 입사한

두 사람은 서로를 의지하며(좋은 의존!) 지금까지 많은 어려움을 헤쳐왔습니다. 서로 몸이 안 좋을 때는 대신 업무를 맡아주고 도우며 지냈습니다.

서로 비슷한 수준의 고충을 분담하는 동안에는 아무 문제가 없었습니다. 한쪽의 지각과 조퇴가 점차 잦아지면서 좋은 관계는 무너지기 시작했습니다.

"오늘 지각할 것 같아. 팀장님께 말씀드려줘"라는 동기의 메시지를 보면 기분이 축 가라앉습니다. 부탁하는 입장에서는 쉬울지 몰라도 정작 말을 전하는 입장에선 매번 팀장님한테 혼나는 기분이 듭니다.

학생도 아니고 사회인이니 직접 회사에 연락하라고 말했더니 동기는 자기가 전화하면 잔소리를 듣느라 더 지체된다는 핑계를 대며 직접 연락하지 않습니다.

'내가 너 대신 혼나려고 출근하는 게 아니야!'라고 한마디 해주고 싶은 심정입니다. "오늘 아침에 미안했어!" 같은 사과의 말은커녕 '동기니까 이 정도 해줄 수 있잖아'라는 태도입니다.

매번 부탁을 들어주는 쪽은 회사에서 그 동기와 매일 볼 사이고 자신도 그런 상황에 처하면 입장이 바뀔 수도 있으니 강하게 말하지 못합니다. 속만 태울 뿐입니다.

학창시절 친구가 숙제한 노트를 보여달라고 요구하는 상황과도 비슷합니다. 일상에서 접하기 쉬운 나쁜 의존입니다.

일방적으로 부탁을 받는 것이 무조건 나쁘지는 않습니다. 사람에 따라서는 '내가 정신 차리고 잘해야지!' 하고 분발하는 계기가 되기도 합니다. '내게 의지해줘서 기쁘다'고 생각할 수도 있겠지요. 본인이 싫지만 않다면 괜찮습니다.

문제는 상대의 부탁이 지나치게 부담스러울 때입니다. 이런 상황에서 상대방의 기분을 상하지 않도록 하면서 피하는 방법을 알아봅시다.

"미안! 나도 오늘 아침 정신이 없어서 메시지를 못 봤어", "인터넷 기사에서 아침에는 스마트폰을 보지 말라고 하더라고. 요즘 일부러 멀리하느라 메시지 온 줄 몰랐어" 등 어떤 이유든 좋습니다. 아무튼 메시지를 못 봐서 말을 전하지 못하는 상황이 반복되면 알아서 다른 사람에게 의지하겠지요.

그렇게 되면 다른 사람이 불쌍해진다고요? 당신이 마음 쓸 필요는 없습니다. 지금 그 역할을 담당하는 당신이 안쓰러우니까요.

모든 부탁을 다 들어주려고 무리할 필요는 없습니다. 입장을 바꿔서 한번 생각해보세요. 당신의 부탁을 주변 사람은 언제나 다 들어주나요? '지금 바빠서', '여유가 없어서'라는 이유로 거절하는 때도 있을 테지요.

당신도 바쁘고 여유가 없을 때는 거절해도 괜찮습니다. 나쁜 의존이 의욕을 착취하지 않도록 '마음을 지키는 기술'입니다.

타인의 부탁에 응하려는 따뜻한 마음은 매우 가치 있는 것입니다. 하지만 나쁜 의존을 하며 그런 당신의 마음을 이용하려는 사람에게는 알맞은 먹잇감일 뿐입니다.

병원에서도 비슷한 일이 벌어집니다. 대학병원처럼 규모가 큰 병원에서 근무하는 의사는 다양한 사례를 접할 기회가 많다는 이점이 있는 반면, 노동에 비해 휴가나 급여가 현저히 적습니다. 왜 이런 모순된 현상이 발생할까요? 이유는 우수한 의사일수록 '자네밖에 못 하는 수술'이라는 교수님의 말씀을 듣는 것과 무관하지 않습니다. 대학병원에서 180만 원 이하의 월급을 받으며 고도의 의료 기술과 지식을 요하는 진료를 진행하는 의사도 있습니다.

의료 행위의 부담은 크고 급여가 적은 대학병원에서 근무하다 보면 마음이 힘들어집니다. 그만두려고 하면 선배들도 다 참고 견뎠다며 만류합니다. 남들도 다 참고 견딘다니 어떻게든 다시 견뎌봅니다.

다른 사람이 참고 견뎠다고 나도 꼭 참아야 하나요? 병원이 성실한 의사에게 나쁜 의존을 하는 전형적 사례입니다. 우수한 의사는 성실함과 의욕을 착취당합니다. 비슷한 상황은 사회 곳곳에 수없이 많습니다. 그 사람밖에 하지 못할 고도의 기술이나 노동력을 원한다면 개인의 인내를 강요할 것이 아니라 환경을 개선해야 합니다. 노동과 보상의 불균형을 바로잡는 것이 상사의 역할이 아닐까 저는 생각합니다.

타인의 나쁜 의존에 마음을 착취당하고 있다면 그 상황에서 도망쳐도 됩니다. 자신의 마음을 지켜내는 것이 세상 무엇보다 중요합니다.

아이 친구의 엄마는 완벽한 타인이다

아이를 가진 엄마들의 교제를 들여다보려고 합니다. 여기에는 아이가 없는 사람에게도 도움이 될 만한 인간관계의 포인트가 잔뜩 숨어 있습니다.

가장 먼저 엄마들의 관계에서는 상대가 '타인'으로 분류된다는 점을 알아둘 필요가 있습니다.

'공적인 관계가 아니니까 친구 아니야?' 하고 의아해하는 사람도 있겠지요. 아이 친구 '엄마'와 맺는 관계의 출발점은 '아이'입니다. 같은 또래의 자녀를 둔 사람과 정보를 교환하면서 관계가 시작됩니다.

대부분은 아이가 다니는 유치원이나 학교, 학원에서 오가다 만납니다. 아이가 친구에 대해서는 종알종알 이야기해도 친구 엄마에 대한 정보는 그리 전하지 않습니다. 엄마들 관계는 친구라기보다 아이가 없으면 만날 일 없는 타인에 가깝습니다.

최근 상담에서 이런 관계의 어려움을 자주 접합니다. 다들 고민의 핵심은 비슷합니다. 아이가 따돌림당할까 봐 자신의 의견을 솔직하게 표현하는 데 부담을 느낍니다.

아이를 봐달라는 부탁을 자주 받아 괴로워하는 '노동착취형', 식사 모임에 참석하지 않으면 그룹에서 소외당하는 '강제집단형', 다들 경제적으로 여유로워서 같이 행동하는 데 금전적 부담을 느끼는 '필사동조必死同調' 형이 있습니다. 필사동조란 죽을힘을 다해 맞춰간다는 뜻입니다. 다른 집단에서도 흔히 보이는 유형입니다. 결정적인 차이는 아이 때문에 그 엄마들의 집단을 벗어나지 못한다는 사실입니다.

아이만 아니라면 전혀 개의치 않을 집단이지만 아이가 걱정됩니다. 그 집단에서 빠져나오면 혹시 자신의 아이가 다른 아이에게 괴롭힘당할까 우려되어 애써 그 집단에 남아 있으려고 노력합니다. 몸과 마음은 계속 지쳐갑니다.

무작정 애쓰기 전에 잠시 생각해봤으면 좋겠습니다. 엄마들 그룹에서 빠져나온다고 해서 당신 아이를 괴롭힐 친구라면 딱 그 정도의 관계입니다. 억지로 관계를 유지해봐야 평생 우정을 나누는 사이는 될 수 없겠지요. 학교가 달라지면 그것으로 끝날 관계입니다. 한동네에 살아서 해코지를 당할까 불안해하는 사람도 있습니다. 마음에 안 든다고 대문이나 차에 낙서하는 등 실질적 피해를 준다면 경찰에 신고하면 됩니다.

자신과 맞지 않는 집단에 소속되어 착취당한다는 생각이 들면 그룹에서 빠져나오는 방법을 찾아보는 편이 현명합니다. 최대한 원만하게 빠져나오는 방법을 함께 생각해볼까요?

"우리 집은 여유가 좀 없어서"라며 거절하는 방법도 있습니다. 뒤에서 '불쌍한 사람'이라고 수군대도 신경 쓸 필요는 없습니다. 그렇게 말하는 사람들이 불쌍할 뿐이지요. 남을 험담하는 사람은 자신의 말을 인정받고 싶어합니다. 그런 욕구를 만족시키기 위해 당신이 존재하는 것이 아닙니다.

엄마들 모임에는 '엄마 명찰'이라는 것도 있다고 합니다. 엄마 명찰에는 대체로 아이 사진, 알레르기 정보, 형제 유무, 엄마의 연락처가 적혀 있는 모양입니다. 이 정도라면 긴급 연락처 등 잠시 아이를 돌볼 때 유용하게 참고할 수 있겠지요.

엄마의 SNS 계정까지 적혀 있다면 어떨까요? 여기에 더해 남

편의 연봉과 직장을 적는 사람도 있다고 합니다. 이때 내 아이를 위해 상대적 우월감을 만족시켜줘야 할지 딜레마에 빠지겠지요.

본인 또는 지인이 이런 엄마들과의 관계로 힘들어하고 있다면 한발 물러나서 생각해보세요. 아이들이 각자 다른 길을 걸으면 자연히 소멸할 관계일지도 모릅니다. 힘든 인연이라면 내려놓아도 괜찮습니다. 인생에 필요한 관계의 생존 기술이라고 생각하면 좋겠습니다.

새치기 당했을 때 불쾌감 대처법

여러분은 지인 외에 '완전한 타인'의 나쁜 의존을 경험해본 적이 있는지요?

우리 일상은 지인이 아닌 사람과 대면할 때가 의외로 많습니다. 집에 있어도 택배 기사와 만나고 집을 나서면 그야말로 끊임없이 많은 타인을 만납니다.

우리 생활은 대부분 남에게 의존함으로써 유지됩니다. 여기에도 좋은 의존만 있는 것은 아닙니다. 예를 들어 편의점 계산대에 줄을 서서 순서를 기다리는데 어떤 사람이 불쑥 새치기를 했습니다. 그 태도가 너무 당당해서 줄 서 있던 사람들은 어안이 벙벙할 뿐입니다. 아무도 주의를 주지 않은 채 상황은 그냥 지나갑니다. 그런데 머릿속에는 부정적인 생각이 맴돕니다. '왜 새치기를 하는 거야. 다 기다리는데', '점원이 한마디 해야지, 대체 뭐 하는 거야' 하고 말이죠. 그런 날은 종일 마음이 무겁습니다. '타인이 당신의 마음을 공격했기 때문'입니다.

새치기한 사람은 주변 사람들에게 나쁜 의존을 하고 있습니다. 자기의 어리광을 들어달라고 생떼를 쓰는 것이나 다름없습니다. 순서를 기다리는 만큼도 인내하지 않으려는 사람이 나타나면 '인내가 보상받는다', '모두 순서를 지키니 평등하다'라는 이성의 억제력이 약해집니다. '나도 기다리기 싫다'라는 초조함이 발생합니다. 여기에 참는 사람이 손해 보는 불합리함이 초조함을 증폭시킵니다.

사람에 따라 초조함 때문에 분비되는 도파민의 작용으로 새치기한 사람에게 "뭐하는 거야!"라며 고함을 칠 수도 있습니다. 도파민은 의욕을 유발하고 기분을 좋아지게 만드는 작용을 합니다. 사실 중요한 특징이 하나 더 있습니다. 도파민은 생존하기 위해 적을 무찌를 때의 감정과도 큰 관련이 있습니다.

심리학이나 행동과학, 문화인류학 연구에 따르면 분노와 복수심, 투쟁심은 거의 모든 인간에게 존재하는 감정입니다. '상처 입었다'고 느끼면 도파민이 분비됩니다. 분노를 쏟아내거나 지적함으로써 상대의 행동이 내게 바람직한 방향으로 변화되면 상대가 잘못을 인정하고 행동을 개선했다는 만족감이 생깁니다. 도파민이 더 활발하게 분비됩니다. 사람은 이러한 반응을 성취감으로 인식합니다.

새치기를 당해 느끼는 불쾌감은 타인이 자신을 상처 입혔다는 느낌에서 분비되는 도파민 때문입니다. 그때 새치기한 사람에게 고함을 친다면 도파민이 만들어낸 분노를 해소하기 위한 행동으로 해석할 수 있습니다.

당연히 주변 사람에게 생떼를 부리는 사람에게 문제가 있겠지요. 다만, 흉흉한 사건이 끊이지 않는 시대이니만큼 적반하장의 보복을 당할 우려가 있습니다. 감정대로 행동하는 것은 매우 위험합니다.

감정을 통제하기란 어려운 일이지만 갑자기 분노가 치밀어오를 때는 이런 점을 꼭 떠올려주세요. 상대방의 나쁜 의존에 무방비하게 다치지 않도록 마음을 지켜낼 대책이 필요합니다.

'새치기를 당했군. 그래도 내 몸이 공격받지 않았으니 그냥 넘어가준다' 하고 한 걸음 물러나는 연습을 하는 것이지요. 포인트를 잘 기억해두면 중요한 순간에 마음을 가라앉히는 데 도움이 됩니다.

'분노 조절' 방법도 이와 같습니다. 분노가 지속되는 시간은 대체로 몇 초 이내에 정점을 찍고 점차 사그라듭니다. 몇 초만 분노를 참아보라고 전문가들은 말합니다. 막상 화가 났을 때 가만히 분노를 참는 일이 어렵기에 그 몇 초는 무척 긴 시간입니다. 그러니 위에서 소개한 '한 걸음 물러나기' 멘트를 머릿속으로 세 번 정도 되뇌는 습관을 평소에 들이면 결과적으로 분노 조절이 가능해집니다.

분노나 복수심을 계속 담아두면 스트레스가 내 몸과 마음을 서서히 좀먹습니다. 스트레스 호르몬인 코르티솔이 분비되면 단기적으로는 불면과 정서불안이 나타납니다. 장기적으로는 뇌에서 기억을 관장하는 해마를 위축시킵니다. 스트레스에 장기간 노출된 외상 후 스트레스 장애PTSD 환자 뇌를 관찰한 연구에서 코르티솔이 해마 위축의 원인으로 밝혀지기도 했습니다.

전혀 상관없는 타인 때문에 분노가 치민다면 당신에게 발생하는 손해를 떠올려주세요. 내 몸과 마음의 건강을 위해 쓸데없는 분노를 털어버리는 연습을 해봅시다.

반대로 타인의 분노 표출을 느닷없이 받게 된다면 어떨까요? 갑자기 누군가 당신에게 마구 고함을 친다면 반사적으로 사과를 할지도 모르지요. 평소 조리 있게 생각하고 행동하는 사람은 상대도 자기와 같으리라 믿습니다. 자신에게 원인이 있어서 화를 냈을 것이라 생각하고 침울해집니다.

그저 상대방은 타인을 굴복시키고 성취감을 얻으려는 사람인지도 모릅니다. 이유 없는 분노를 맞닥뜨렸을 때는 표면상으로 사과하더라도 '지금 이 사람은 본능에 따라 도파민에 조종당해 고함을 지르는 것'이라고 생각하면 됩니다.

감정적으로 분노를 표출하는 사람은 뇌 안의 호르몬이 악순환에 빠져 감정 조절 능력을 잃어버린 상태입니다. 당신의 사과가 받아들여지지 않더라도 전혀 개의치 말기 바랍니다.

- 부탁을 들어주기 힘들 땐 거절해도 괜찮다. 의욕을 착취 당하지 않고 마음을 지키는 방법이다.
- 분노가 솟구치면 '한 걸음 물러나기' 멘트를 마음속으로 세 번 말한다.

03

내가 의지하는 것들을
인생 에너지로 얻고 살기 – 좋은 의존 활용법

'선을 잘 그어야, 잘 산다'

일과 좋은 의존

일'꾼'은 열심히 일하되 중독되지 않는다

사람은 다양한 것에 의존하며 살아갑니다. 이제는 어느 정도 이해했으리라 생각합니다. 지금껏 의존에 대해 자각하지 못하다가 갑자기 누구나 어딘가에 의존하고 있다니 자신의 의존 상황이 불안할지도 모릅니다. 이 책의 목표는 많은 사람이 좋은 의존과 나쁜 의존의 차이를 이해하고 인생을 좋은 의존으로 가득 채우는 것입니다.

어떤 의존이 좋은 의존인지 구체적인 예로 알리고자 합니다. 여러분 상황에 적용해 참고해보면 좋겠습니다.

구체적으로 우리가 일상에서 어떤 것들에 의존하고 있는지 하나씩 살펴볼까요?

가장 먼저 살펴볼 의존 대상은 '일'입니다. 우리 삶에서 빼놓을 수 없는 존재이자 피할 수 없는 존재입니다.

학생에게는 학업이 일입니다. 사람은 왜 일을 할까요? 경제적으로 여유가 있다면 심심풀이로 또는 보람을 느끼려고 일을 할지도 모릅니다.

저를 포함한 대부분 사람은 살아가는 데 필요한 돈을 벌기 위해 일을 합니다. 공부가 일인 학생은 직장에 들어가려고 공부를 하겠지요. 직장에 들어가야 돈을 벌 수 있으니까요.

우리는 살아가며 종종 일의 목적을 잊어버립니다. 일의 목적이 살아가기 위해서라면 일 때문에 건강을 해쳐서는 안 되지요. 그러니 건강을 지키려고 직장을 떠나는 사람에게 '도망쳤다' '참을성이 부족하다'라는 평가도 논리적으로 모순됩니다.

아픈 사람에게는 치료가 일입니다. 직장을 떠날 수 없는 마음 때문에 치료에 소홀하다면 치료라는 일을 게을리한 것입니다.

일은 일반적 정의인 회사나 어느 기관에 소속하여 근무하는 것만 의미하지 않습니다. 학교 공부, 질병 치료, 집안일, 육아, 간병, 자원봉사 등도 넓은 의미에서 보면 일에 해당합니다.

진료실에서 꽤 자주 "벌써 몇 년이나 일을 쉬었어요"라며 초조해하는 환자를 만납니다. 환자에게 지금 가장 중요한 일은 우선 아픈 곳을 치료하는 것입니다. 회복한 다음에는 오래 다닐 수 있는 직장을 찾아보는 것, 실제로 해보고 자신과 맞지 않는 일이라면 이직해도 된다는 마음을 가지는 것, 행동에 옮기는 것까지 모두 일이 될 수 있습니다.

건강한 사람은 단순히 아파서 일을 안 해도 된다니 부럽다고 생각할지 모릅니다. 그러나 정작 일하지 않아서 행복하다고 느끼는 환자는 거의 없습니다. 대부분은 치료 기간을 생산성 없는 시간이라 느끼며 건강한 사람처럼 일하기를 바랍니다.

'직장에서 일한다'는 소속감이 주는 안정감

일을 해야 한다는 심리는 일정한 나이가 되면 직장에 다녀야 한다는 사회 가치관에 따르고 싶은 희망 때문일지도 모릅니다.

현대사회에는 아무리 유복해도 성인으로서 일정한 직업을 가지는 것이 상식이 되었습니다. "저 부잣집 아들은 매일 빈둥거리면서 책 읽고 게임만 한대!"라는 말만 들어도 무슨 뜻인지 알겠지요. 돈이 있어도 일하지 않는 사람은 못난 인간이라는 사회의 상식이 느껴집니다.

일의 목적이 오직 사는 데 필요한 돈을 벌기 위한 것이라면 경제적으로 여유 있는 사람은 일하지 않아도 되겠지요. 주변에서도 '저건 아니지!'라는 반응을 보이지는 않을 것입니다.

예전에는 신분과 계층에 따라 소속 집단이 정해졌지만 지금은 '직장에서 일한다'는 소속감이 마음에 안정감을 주는 시대가 되었습니다.

일과 공부의 심리적 영향은 집단에 소속된다는 막연한 안도 감뿐만이 아닙니다.

일이나 공부는 노력한 만큼 보상을 얻는 특징이 있습니다. 특히 공부가 그렇습니다. 시험공부는 노력이 결과로 명확히 이어질 때가 많습니다. 스펠링을 외워서 쓰는 영어 단어시험, 공식을 알면 풀 수 있는 수학 문제, 암기하면 맞힐 수 있는 역사 문제처럼 노력이 결과로 직결되는 테스트도 많습니다.

일은 공부와는 다소 차이가 있습니다. 업무상 노력이 반드시 좋은 결과를 보장하지는 않습니다. 성과를 내지 못하는 이유가 노력 부족 때문만도 아닙니다. 아무것도 안 하는 것보다 준비하고 수고를 들이면 성공 확률은 확실히 높아집니다. 이는 인간관계에서는 기대하기 어려운 성공 방식입니다.

일이 삶의 좋은 의존이 되는 상황이 있습니다.

입사한 지 얼마 안 된 데다 원래 다른 사람과 대화하는 것이 서툰 직장인이 영업부에 배치되었습니다. 자사 제품 판매 담당이

긴 하나 코로나19로 방문판매 매출이 줄어 어려운 상황입니다. 그는 서툴러도 인터넷으로 정보를 모으고 정리하는 데는 자신 있었습니다. 누가 시키지는 않았지만 자사 제품에 대해 자기가 궁금한 점을 적어보고 타사 제품과의 차별점 등을 정리하여 이해하기 쉽게 데이터화했습니다. '그것 말고는 달리할 수 있는 일이 없어서'라는 단순한 이유도 있었습니다.

선배들이 '한눈에 쏙 들어온다!' '영업할 때 도움이 되겠다'라며 호응해 주었습니다. 판매 전략을 이해하기 쉬운 형태로 표현해달라는 상사의 지시로 시작한 일인데 큰 도움이 되었다고 감사 인사를 받았습니다. 그 과정에서 자사 제품에 대한 다양한 지식을 쌓고 사내에서 인정을 받았습니다.

현실에서 이처럼 일이 척척 잘 풀리는 경우는 드물겠지만, 어쨌든 다음과 같은 긍정적 흐름이 만들어집니다.

'우선 지금 할 수 있는 것을 해본다 → 다른 사람에게 평가를 받는다 → 더 좋은 반응을 얻기 위해 가능한 범위에서 수정해본다 → 더 좋은 반응의 비율이 증가한다.'

여러분도 일을 하면서 크고 작은 성공 경험이 있을 것입니다. 그것에 시너지 효과를 얻어서 일이 즐거워진다면 좋은 의존이 됩니다.

칭찬에 기분이 좋아지는 이유

왜 사람은 다른 사람에게 좋은 평가를 받으면 기분이 좋아질까요? 답은 뇌에 있습니다. 무언가를 하고 칭찬받는, 평소에는 좀처럼 일어나지 않는 긍정적인 자극이 들어오면 뇌에서는 보상 회로라는 부분이 크게 반응합니다. 그리고 '더 큰 자극을 받기 위해서 열심히 해야지!'라는 의욕이 생겨납니다.

이 보상 회로의 반응은 뇌의 도파민이라는 물질과 깊은 관련이 있습니다. 평소에 얻기 힘든 자극이나 칭찬에 뇌 안의 보상 회로가 반응해 도파민을 방출하면서 우리는 기분이 좋다고 느낍니다. 이 일련의 과정은 보람을 느껴 더 일하게 하는 동기를 유발합니다. 행동의 동기를 이야기할 때 도파민을 빠뜨릴 수 없는 이유가 바로 여기에 있습니다.

좋은 의존을 하려면 적절한 대상을 스스로 선택해 도파민을 많이 방출하는 자극을 만들어야 합니다.

일이 나쁜 의존이 되는 경우를 살펴볼까요?

아무리 기분 좋은 칭찬이어도 동일하게 반복되면 보상 회로에서 나오는 도파민의 양은 점점 줄어듭니다. 뇌는 같은 자극이 반복되면 그 자극에 익숙해져 자극을 당연한 것으로 인식합니다.

처음에는 '노력하면 칭찬받는다'는 것에 기분이 좋아졌지만 이

것이 당연해지면 이전만큼 도파민이 분비되지 않습니다. 뇌는 예상 밖의 기쁜 일에 도파민을 더 많이 분비하기 때문입니다. 이런 원리를 이해하면 노력한 결과가 좋지 않을 때도 다시 힘을 낼 수 있습니다.

'열심히 일했다 → 안 좋은 결과가 나왔다 → 풀이 죽는다'가 아니라 '열심히 일했다 → 안 좋은 결과가 나왔다 → 다음에 성공하면 평소 얻기 힘든 기쁨이니만큼 뇌에서 도파민이 잔뜩 나오겠지'라며 다음번에 잘하면 된다고 생각합니다. 마음의 여유가 생기는 것이죠.

이런 구조를 모를 때는 '열심히 해서 언제나 칭찬만 들어야 해!'라는 생각에 피폐해지기 쉽습니다.

'매번 칭찬받기'는 애초에 달성할 수 없는 목표입니다. 그게 가능하다면 기업들이 끊임없이 영업 방법을 고민할 필요도 없을 테지요.

뇌는 목표를 달성했을 때 도파민을 방출합니다. 달성 불가능한 목표를 향해 노력만 하는 것으로는 도파민을 얻을 수 없습니다. 열심히 해보려는 의욕도 자연스레 사라져버립니다.

매번 칭찬을 받는다 해도 뇌가 요구하는 뜻밖의 기쁜 일에 대한 기대치가 점점 높아집니다. 웬만한 자극이 아니고는 만족하지 못하게 되지요.

일의 성과라는 자극만으로 뇌를 만족시키려 한다면 어떤 문제가 생길까요? 언제나 일이 우선될 수밖에 없습니다. 가족이나 연인처럼 소중한 사람의 말에 귀를 기울일 여유가 없습니다. 온종일 일에 파묻혀 지내며 그야말로 일에 휘둘리고 맙니다.

오로지 일로만 도파민을 얻으려 하면 인생을 망가뜨리는 나쁜 의존이 됩니다.

일밖에 모르며 살다가 황혼 이혼을 하는 사람이 드물지 않습니다. 관점을 바꿔 생각해보죠. '퇴직했으니 이제 일이 아니라 가족한테 의지해 도파민을 얻어야겠다'는 태도를 보이다가 '가족의 거부'라는 결과에 부딪힌 것입니다. 일에 나쁜 의존을 한 결과인 셈이지요.

지금껏 가족은 소홀히 하고 일에서 도파민을 얻는 데만 집착하던 사람과 더 이상 마주하고 싶지 않다는 가족의 반응은 어쩌면 당연한지도 모릅니다.

일하는 환경이 좋아야 일이 좋아진다

일에 좋은 의존이 가능한지 아닌지는 일하는 환경과 깊은 관련이 있습니다.

어느 지방의 교육위원회가 교사에게 징계 처분을 내린 일이 있었습니다. 이 교사가 약 4년간 보인 다음과 같은 태도 때문이었지요. 동료의 인사를 무시한다, 반복해서 혀를 차고 한숨을 쉰다, 책상에 물건을 난폭하게 놓는다, 일부러 문을 세게 닫는다, 회의에서 자기와 다른 의견이 나오면 소리를 지르고 물건을 던진다 등입니다. 교장의 지적을 받고도 태도가 개선되지 않아 징계를 받았다고 합니다.

우리가 소속된 집단에도 이런 사람이 있을지 모릅니다. 이런 사람이 한 명만 있어도 집단의 다수가 피해를 당합니다. 또 이와는 다른 유형으로, 말투는 정중한데 비꼬는 말을 습관처럼 해서 주변을 힘들게 하는 사람도 있습니다.

우리는 돈을 벌기 위해 노동력을 제공하고 임금을 받습니다. 집단에 소속되어 얻는 안도감과 물질적인 보수, 그리고 그 집단에서 받는 상처의 균형을 늘 의식해보세요.

직장에 대한 관점이 달라질지도 모릅니다.

제공하는 노동력보다 급여가 적거나 앞의 예처럼 집단 내에 '공포의 존재'가 있다면 회사를 마음의 안식처로 삼아 집착하는 것은 위험한 행동입니다.

다른 사람에게 부러움을 사거나 좀 더 나은 조건을 갖춰 도파민이 분비된다 해도 집단에서 얻는 상처가 크면 결국 손해입니다. 몸과 마음을 병들게 하는데도 회사에 대한 집착을 내려놓지 못한다면 자신의 위기에 대응하지 못하는 나쁜 의존이 아닐까요.

어떤 시점에서 나쁜 의존이 되는지 스스로 돌아보며 잘 파악하는 게 좋습니다.

- 칭찬을 들으면 도파민이 방출되면서 기분이 좋아지고 다음 일에 대한 의욕까지 불러일으킨다.
- 같은 칭찬을 반복해서 들으면 뇌가 원하는 '기분 좋은 자극'의 기대치가 높아져 쉽게 만족하지 못한다. 이 원리를 모르면 일에서만 도파민을 얻으려고 하고 결국 사생활을 희생하는 나쁜 의존이 생긴다.
- 목표를 지나치게 높게 잡으면 성취감과 동기부여를 못 느낀다.
- 일이 좋은 의존이 되려면 좋은 작업 환경을 만드는 것도 중요하다.

연애의 정석

사랑하지만 지배하지 않는다

우리가 살아가며 의존하는 대상은 물질이나 가치관만이 아닙니다. 사람에게도 의존합니다. 인간관계에서 의존이라 하면 가장 먼저 연애가 떠오르겠지요. 상대가 동성이든 이성이든 사람이 아닌 애완동물이든 사랑하는 마음은 삶의 활력을 주는 좋은 의존입니다.

다만, 연애는 정도가 지나치면 나쁜 의존이 될 수 있습니다.

같은 회사에 다니는 남자 선배를 좋아하는 여자 후배가 있습니다. 발표에 문제가 생겼을 때 슬며시 도와주고 새로운 업무로 헤맬 때 조언해주는 모습에 자연스럽게 끌렸습니다. 물론 외모라는 요소도 한몫했습니다. 이런저런 이유로 선배를 좋아하게 되었습니다.

처음에는 같은 사무실에 있는 선배를 보기만 해도 행복했습니다. 하지만 사람은 같은 자극으로는 만족하지 못하기 마련입니다. 자연스럽게 '선배도 나를 좋아했으면 좋겠다' '특별한 관계가 되고 싶다'고 바라게 되었습니다.

선배와 친한 동료에게 선배의 이상형을 물었더니 귀여운 외모에 성격은 온화하면서 할 말은 하는, 주관이 뚜렷한 사람을 좋아한다고 합니다. 어렵네요. 아무래도 자신은 선배의 이상형과는 거리가 멀게 느낍니다.

만약 당신이라면 어떻게 하겠습니까?

연애를 위해 나를 바꿔야 할까?

상대방의 이상형에 자신을 온전히 끼워 맞추는 일은 어렵습니다. 잠깐은 괜찮을지도 모릅니다. 그러나 오랫동안 상대가 원하는 가면을 쓰고 진짜 자신의 모습을 억누르면 결국 몸과 마음이 망가집니다.

짝사랑을 하는 입장에서는 몇 가지 선택지가 있습니다. 운 좋게 가만히 있어도 상대의 호감을 얻는 경우도 있지만, 그 경우를 제외하고 네 가지 정도의 선택지를 생각해보겠습니다.

첫 번째는 지금처럼 선배를 멀리서 바라보며 짝사랑을 이어가는 것입니다. 그러면 현재 상황을 유지할 수 있습니다. 선배를 그저 지켜보면서 행복을 느낍니다. 아이돌 팬덤 활동과 비슷합니다. 아이돌 같은 팬미팅이나 공연이 없으므로 '당신을 좋아합니다! 응원하고 있어요!'라고 마음을 보여줄 기회가 없다는 점이 차이점이겠네요.

이것만으로 행복하다면 상대방에게 피해를 주지 않도록 자제할 수 있는 좋은 의존입니다. 회사에 가면 나의 스타가 있기에 출근길이 행복해집니다. 물론 상대방에게 피해를 주는 행동은 금물입니다. 출근길 만원 전철에서 은근슬쩍 밀거나 퇴근길에 뒤를 밟는 건 스토커입니다.

같은 사무실에서 자주 마주치므로 잘 보이고 싶은 마음에 행동이 바뀔 수도 있습니다. 선배가 우연히 자기 책상 위를 볼까 봐 정리하는 습관이 생길지도 모릅니다. 선배나 다른 사람이 깔끔하게 정리하는 내 모습을 보면서 '괜찮은 사람이네' 하고 호감을 느낄 수도 있습니다.

사람은 타인의 눈을 의식하고 자신의 행동을 규제합니다. 이로써 의도치 않게 주변 사람의 시선과 평가가 달라진다는 부수적 효과도 발생합니다.

나름대로 행복한 나날을 보내겠지요. 이 상황에서 선배가 갑자기 다른 사람과 사귀기 시작하거나 결혼한다 해도 어쩔 수 없습니다. 그때는 다른 사랑의 대상을 찾을 수밖에요.

두 번째는 선배가 좋아하는 스타일로 조금씩 자신을 바꿔나가는 방법입니다. 이때는 생활방식을 하기 쉬운 것부터 점차적으로 바꿔야 합니다. 의사 표현도 부드러운 말투로 조리 있게 하도록 노력하기 시작합니다. 귀여운 느낌을 내고 싶어서 평소와는 다른 화장법을 시도해볼 수도 있겠지요.

사람들은 흔히 외모보다 내면의 아름다움이 중요하다고 말합니다. 내면을 보여주려면 어느 정도 외모에서 합격점을 받아야 하지 않을까요? 구겨진 셔츠보다는 잘 다린 셔츠가 깔끔해 보이고 넥타이 매듭법 하나로도 이미지가 달라집니다. 똑같은 유니폼이라도 단정하게 입으면 훨씬 좋은 인상을 줍니다.

머리 모양도 부스스한 사람보다 깔끔하게 정리한 사람이 쉽게 호감을 얻겠지요. 무엇보다 몸가짐을 다듬으면 마음가짐도 달라집니다. 이런 변화는 업무에도 긍정적으로 작용합니다.

좋아하는 사람의 이상형에 가까워지는 방법은 자신을 어느 정도까지 바꿔야 할지 그 범위 설정이 어렵습니다. 하지만 자기 나름대로 상대의 이상형을 상상하면서 그 모습에 가까워지려고

찍사랑하는 상대의 이상형에 맞추기

노력하는 긍정적인 변화를 얻을 수 있습니다. 의식적으로 다정하고 친절하면서도 자기 의견을 낼 줄 아는 사람이 되고자 노력하겠지요. 계기가 무엇이었든 선배 외의 사람에게도 호감을 얻을만한 행동입니다. 결과적으로 사내에서 좋은 평가를 받으니 더좋은 업무 환경이 형성됩니다. 선배와 특별한 관계로 발전한다면더 바랄 것이 없겠지요.

세 번째, 수단과 방법을 가리지 않고 선배가 좋아하는 스타일이 되려고 노력할 수도 있습니다.

선배와 친한 동료가 준 정보를 참고해 귀여운 스타일의 인기연예인 패션과 행동을 따라합니다. 다른 사람에게 친절하게 대하는 것도 잊지 않습니다. 자신이 노력할 수 있는 범위 안에서의변화라면 주변의 반응도 긍정적일 테지요.

문제는 '어디까지 노력할 것인가'입니다. 무엇이든 과한 것은좋지 않습니다. 우리가 흔히 아는 과유불급過猶不及은 공자가 모든 일에 지나친 제자를 지적한 표현에서 유래했습니다. '지나칠 바에야 하지 않는 편이 낫다'라는 뜻으로 알려졌고 중용을 강조한표현입니다.

귀여운 연예인을 어디까지 모방할지가 관건입니다. 사람은 가끔 적정선을 넘습니다. 애초에 귀여운 스타일로 바꾼다고 선배와 사귈 수 있는 것도 아닙니다. 옷차림이나 헤어스타일을 바꾸는 정도의 원상복귀가 가능한 범위가 아니라, 몸이 상할 정도의 다이어트나 성형수술을 한다면 어떨까요?

돌이킬 수 없는 변화까지 감내할 만큼 그 선배가 가치 있는 상대일까요? 좋아하는 상대방의 취향대로 자신의 외모와 행동을 바꾸는 사람이 실제로 꽤 많습니다. 상대가 바뀔 때마다 이미지가 확 달라집니다.

이 정도라면 그나마 양호합니다. 매번 자신의 새로운 모습을 발견하는 데 재미를 느낄 수도 있고요.

자신이 내키지 않는데도 상대방의 취향에 따라 문신이나 피어싱을 해야 한다면 어떨까요? 그 사람이 그렇게까지 하면서 사귈 만한 존재인지 곰곰이 생각해보세요. 상대방을 소중히 여기기 전에 나 자신을 소중히 할 줄 알아야 건강한 관계가 형성됩니다.

지금 한창 그런 연애 중이라면 '그렇게 하지 않으면 헤어지자고 할 텐데' 하고 걱정할 수도 있겠지요. 하지만 그런 사람은 다른 이유로도 아무렇지 않게 당신을 떠날 사람입니다. 상대의 기분에 휘둘리며 관계를 유지하려 애쓰지 마세요. 그런 관계는 당신을 지치게 할 뿐입니다. 지쳐서 그만두고 싶어도 그만둘 수 없는 나쁜 의존입니다.

이런 억지 노력은 까치발 서기와 비슷합니다. 처음 얼마 동안은 까치발로도 잘 서 있을 수 있습니다. 까치발을 든 상태로 과연 얼마나 오래 버틸 수 있을까요. 언젠가 평소대로 발을 디디는 날이 오겠지요. 쉽게 끝나버릴 관계라면 일찌감치 정리하는 편이 낫습니다. 잠깐은 헌신하는 자기 모습에 심취할지 몰라도 그 순간은 짧습니다.

사람은 자신이 무언가에 투자한 돈과 시간, 노력과 정성이 많으면 많을수록 좀처럼 그것을 포기하지 못합니다. 지금까지 투자한 것을 손해 본다는 생각에 미래의 더 큰 위험을 감내하려 하지요. 한쪽이 참고 희생하는 관계는 빨리 놓아버려야 합니다. 그래야 다른 행복을 찾을 수 있습니다.

마지막 방법은 선배를 좋아하는 자신의 마음을 알리고 선배의 이상형을 자신 같은 스타일로 바꾸도록 강요하는 것입니다.

좋아하는 사람에게 자신의 가치관을 강요하며 행동을 제한하는 것은 '지배'입니다. 바꿔 말하면 연애라는 이름으로 자신의 이기주의를 강요하는 것을 그만두지 못하는 나쁜 의존입니다.

쉽게 지배할 수 있는 상대를 발견하면 그 지배욕은 충족되고 만족감도 얻을 수 있겠지요. 그러나 그 관계는 상대가 자신의 지배를 거부하는 순간 무너져버립니다.

상대가 그 지배를 거부하고 떠나려는 이유는 다양하겠지요. 특히 다음과 같이 불안정한 매력으로 상대를 묶어두었다면 관계는 언제든 위태로워질 수 있습니다.

젊음: 시간이 지나면 사라진다.

아름다움: 유지하기 어렵다.

돈: 갑자기 수입이 줄어들 수 있다.

권력: 예기치 못한 순간 잃어버리기 쉽다.

젊고 아름답고 돈과 권력이 있는 사람은 남녀불문하고 인기가 있습니다. 또 폭력으로 상대를 잡아두는 사람도 있습니다. 이때도 상대는 공포심 때문에 따를 뿐 상호 좋은 의존은 형성되지 않습니다.

연인 관계뿐만이 아닙니다. 이런 유형의 사람과 연결되어 있다면 오래 지속되지 않을 관계임을 깨닫고 가능한 한 빨리 끊어내는 편이 현명합니다.

좋아하는 상대 입장에서 나를 바라보기

'사랑받는 사람이 되는 법'은 많은 이의 관심사입니다. 아무리 돈이 많고 권력이 있고 유명한 사람이라도 사람은 누구나 사랑받기를 갈망하는 존재입니다.

연애에 대해 고민할 때 꼭 기억해야 할 것이 있습니다. 짝사랑하는 선배의 마음에 들기 위해 노력하는 것과 선배에게 자신의 스타일을 강요하는 것에는 큰 차이점 있다는 사실입니다.

상대방이 어떻게 생각할지 고려하고 행동하는 것이 핵심입니다. '다른 사람 생각을 무슨 수로 알 수 있나?'라는 의문도 있겠지요. 내가 상대방의 입장이 된다면 기분이 어떨까를 상상해보면 나름의 답을 얻을 수 있습니다.

만약 제가 선배의 입장이라면 멀리서 이어가는 짝사랑이나 스타일을 맞추기 위해 노력하는 정도의 행동은 괜찮아 보입니다. 연인이 되느냐 마느냐는 별개의 문제지만 이런 상황이라면 기분은 좋을 것 같네요. 하지만 수단과 방법을 가리지 않기 시작하면 조금 무서워집니다. 상대는 '부탁하지도 않았는데 그렇게까지 하면 제가 좀 곤란한데요' 하는 마음이 들겠지요.

입장을 바꿔서 한번 생각해보기 바랍니다. '상대를 위해서' '상대는 이런 것을 좋아할 테니까'라며 행동하기 전에 대상을 '나'로 바꿔봅니다. 전혀 모르는 사람이 '당신을 위해서' '당신은 이런 것을 좋아할 테니까'라며 부탁하지도 않은 행동을 한다면 당신은 어떤 기분이 들까요?

솔직히 상대방에 따라 생각이 달라진다고 말할지도 모릅니다.

평소 호감 있던 상대라면 자신을 생각해서 해준 행동이 취향과 맞지 않아도 기쁠 것입니다. 별 감정 없던 상대라면 놀라면서도 긍정적으로 검토해볼 수도 있습니다. 반면, 연애 상대로 보기 어려운 사람이면 어떤 것을 해줘도 호감이 생기지 않을 겁니다. 그것이 당신의 마음이고 상대방의 마음입니다. 호감을 느끼는 요소는 성격, 외모와 경제적 능력, 사회적 지위 등 여러 가지가 있겠지요.

그렇지만 아무것도 하지 않고 상대방이 자신을 어떻게 생각할지 알 수는 없습니다. 평소 관심 없던 스타일의 사람에게 갑자기 호감을 느끼는 일도 있듯이 누가 누구를 좋아하게 될지는 아무도 모릅니다. 이 또한 연애의 묘미가 아닐까요.

그러니 극단적으로 자신의 호의를 밀어붙이지도, 너무 몸을 움츠리지도 마세요. 실패를 염두에 두고 일단은 시도해보는 것이 좋습니다.

포인트는 나도 상대도 각자의 마음을 가진 인격체임을 기억하는 것입니다. 당신이 기쁘다고 느끼는 것을 상대방이 싫어할 수도 있고 그 반대일 수도 있습니다.

종종 이렇게까지 해주었는데 거절하기 미안해서 자신의 마음을 희생해가며 관계를 유지하는 호의에 약한 사람이 있습니다.

당신이 싫다면 상대방의 마음을 거절해도 됩니다.

한쪽만 일방적으로 참는 관계는 나쁜 의존을 만들어냅니다.

'다들 하니까'는 연애의 이유가 될 수 없습니다. 남들이 다 한다고 나도 해야 한다는 생각이 조금이라도 있다면 떨쳐버리세요. '연애 중'이라는 안도감 때문에 인연이 아닌 사람과 사귀면 마음만 지칠 뿐입니다. 사랑은 갑작스럽게 찾아오는 것이라 언제 어디서 인연을 만날지 모릅니다. 초조해할 필요는 없겠지요.

잘 맞는 연인조차 어느 정도 서로 노력하지 않으면 사랑은 한순간에 식어버리기도 합니다.

연애를 마음의 안식처로 삼아 좋은 의존을 이어갈지 말지는 한쪽의 노력만으로 결정되는 것이 아닙니다. 좋아하는 사람이 생겨서 그 사람과 연락처를 교환해도 상대가 나와 같은 마음인지는 알 수 없습니다. 메신저의 답변 속도에 일희일비하고 상대의 SNS를 확인합니다. 그러고는 '사진 올릴 시간은 있으면서 답장은 안 하네' 하고 마음 아파하며 정신적으로 휘둘릴지도 모릅니다. 그렇다면 그 관계는 힘이 되기는커녕 자신의 에너지를 좀먹는 나쁜 의존입니다. 하루하루가 상대방의 행동에 크게 좌우되기 시작하면 일상생활은 조금씩 무너집니다.

서로 마음이 통해서 사귀기 시작해도 표현방식이 다르면 엇갈

럼이 생기는 것이 연애입니다. 좋아하는 마음을 몇 번이든 표현해야 애정이라 생각하는 사람도 있고 말하지 않아도 자기 마음이 상대에게 전해지리라 믿는 사람도 있습니다. 방식의 차이는 다툼을 부릅니다. 사소한 엇갈림이 쌓여 회복이 어려울 정도로 어긋나면 관계는 유지되기 어렵습니다.

상대방이 원하는 대로 표현방식을 바꾸기가 아예 불가능한 것은 아니지만 자신의 방식만 강요한다면 연애가 아니라 지배가 될 수 있습니다.

연애가 끝나는 원인은 결코 당신의 노력이 부족해서가 아닙니다. 지난 연애를 가슴속에 간직해도 되지만 다음 사랑의 시작에 죄책감을 가질 필요는 전혀 없습니다.

POINT

- 자기 마음대로 상대를 바꾸려는 생각은 사랑이 아니라 지배다.
- 한쪽의 일방적인 노력으로 연애가 좋은 안식처가 되지 않는다.
- 좋아하는 사람의 취향으로 자신을 꾸미고 싶다면 원상복귀가 가능한 범위를 넘지 않도록 한다.

지역과 환경

존재의 안정감을 주는 장소의 힘

우리는 때로 출신지나 오래 생활한 지역 또는 국가라는 거시적 환경에도 마음을 의지합니다. 무의식중에 소속감을 느끼며 마음의 버팀목으로 삼습니다.

대학 진학이나 취직을 계기로 태어나 자란 지역을 처음 벗어나는 경우가 많습니다. 자취나 기숙사 생활을 시작하면서 잔소리에서 벗어났다는 해방감을 만끽하고 점차 자기 나름의 생활 리듬을 만들어갑니다.

이때 향수병을 경험하는 사람도 있습니다.

저는 간사이 지역에서 태어나고 자랐습니다. 대학에 진학하면서 도쿄로 나와 혼자 생활하게 되었지요. 그때 가까이 지내는 한 친구가 심각한 향수병에 걸렸습니다.

처음에는 저처럼 '이제 자유다!'라며 기뻐했지요. 그러다 점차 가족이 보고 싶다며 우울해했습니다. 결국 한 차례 고향으로 돌아갔다가 서서히 떨어져 지내는 연습을 하고 나서야 향수병을 극복했습니다.

사실 저도 느닷없이 간사이 지역의 작은 시골에서 대도시로 나와 멘탈이 흔들린 적도 있습니다. 전철을 타면 들려오는 표준어가 상상 이상의 부담으로 다가왔습니다.

물론 표준어가 싫어서는 아니었습니다. 도쿄 전철에서 들려오는 표준어는 낯선 곳에 와있다는 실감과 적적함을 느끼게 했습니다. 애향심 같은 건 딱히 없다고 생각하며 상경한 저에게 떠들썩한 전철 안에서 느낀 '낯선 곳에서의 고독함'은 매우 귀중한 경험이었습니다. 저는 무의식중에 고향을 마음 기댈 곳으로 여겨왔던 것입니다.

마음의 안식처가 되는 장소

생각하는 것만으로도 마음이 따뜻해지고 입가에 미소가 번지는 그런 곳이 있나요? 떠올리면 마음이 따뜻해지는 장소는 좋은 마음의 안식처가 될 수 있습니다. 그곳에 직접 가면 좋겠지만 이제 갈 수 없는 곳이라면 그곳을 생각하는 것만으로도 에너지를 얻을 수 있습니다. 충분히 좋은 의존이라고 생각합니다.

마음속에 이런 곳이 많을수록 좋습니다. 좋은 의존으로 삶은 더 풍요로워집니다. 이 사실을 알고만 있어도 마음의 좋은 안식처를 발견하기가 쉬워집니다.

살다 보면 자신이 삼은 마음의 안식처가 타인의 편견에 부정당하기도 합니다.

도쿄에 있는 대학에 진학했을 때 친척들은 한결같이 '대체 왜 도쿄에……'라는 반응을 보였습니다. 그분들은 대부분 간사이 지역에 살았고 사촌들도 모두 가까운 대학으로 진학한 상태였습니다. 조부모님과 부모님도 이곳에서 대학을 나왔습니다. 도쿄에서 지낸 적 있는 친척은 전근이 잦은 숙부네 가족뿐이었습니다. 숙부에게 들은 도쿄 생활은 화려하고 멋있어 보였지만 명절에 친척이 모일 때면 으레 신랄한 도쿄 비판이 시작되었습니다. 간사이가 얼마나 인정 넘치는 곳인지, 간사이 음식이 얼마나 맛있는지 열변이 이어집니다. 얼핏 들으면 '이렇게 도쿄 험담만 하는 간사이 사람들 참 인정 없네'라고 생각할 정도였습니다.

그 후에 사촌 한 명이 도쿄로 떠나고 하나둘 도쿄로 갈 일이 늘었습니다. 친척들은 이제 반대로 도쿄의 장점을 늘어놓기 시작했습니다. 이제껏 그저 시골 사람 콤플렉스가 만든 '도쿄 비판'이었다는 것이 명확해졌습니다. 도쿄로 간 사촌이 없었으면 지금도 일가친척이 모여 시대착오적인 도쿄 비판을 반복했을지도 모르지요.

실제로 잠시 놀러 간 정도로는 그 지역을 제대로 파악하기 어렵습니다. 제가 도호쿠나 홋카이도, 시코쿠, 규슈, 오키나와를 평가할 수는 없습니다. 살아본 적도 없고 제 미천한 지식만으로는 평가에 한계가 있습니다.

국내뿐만 아니라 해외도 마찬가지입니다. 오늘날 우리는 인터넷을 통해 가본 적 없는 세계 곳곳의 소식을 접합니다. 그러나 그 지역을 직접 보고 느낀 것과는 다를 수 있습니다.

당신이 마음의 안식처로 삼는 지역이나 환경에 대해 누군가 부정적인 평가를 해도 그 평가 때문에 그곳을 싫어할 필요는 없습니다. 당신이 그 지역에 품은 감정이나 그곳에서 얻은 경험은 타인의 평가와는 전혀 상관없는 것이기 때문입니다.

타인의 의미 없는 평가에 휘둘려 소중한 것을 잃지 마세요. 그저 앞으로 그 사람과는 이 화제를 논하지 않으면 됩니다. 굳이 타인의 인정을 받지 않아도 당신 마음에서 그곳의 가치는 달라지지 않습니다.

한편 반드시 고향이 마음의 안식처가 되지는 않습니다. 고향에 부정적인 기억을 가진 사람도 있겠지요. 그렇다면 새로운 곳에 자신의 뿌리를 만들어 마음의 안식처로 삼아보세요.

핵심은 그곳이 고향인지 아닌지가 아닙니다. 힘들 때, 괴로울 때, 우울할 때 무심코 먹은 음식이나 어딘가에서 들려오는 익숙한 억양이 자신을 지탱해주고 있음을 느낄 수 있으면 됩니다. 향수를 부르는 음식이나 소리에 의존해서 삶의 에너지를 얻어보기를 권합니다.

이것이 제가 생각하는 '거시적인 좋은 의존'입니다. 당신 안에는 어떤 좋은 의존이 있나요? 지금은 없다 해도 당신은 이제 행복할 일만 남았습니다. 지금부터 마음의 안식처를 찾아보는 즐거움이 있을 테니까요.

- 태어나서 자란 지역이나 문화가 마음의 안식처가 되기도 한다.
- 타인의 평가에 개의치 말고 자신의 뿌리를 소중하게 여기자.
- 기분이 가라앉을 때는 향수를 부르는 '솔푸드'를 적극 활용한다.

알코올

술을 원수로 만들지 않는 내성 조절법

세상은 다양한 물질로 넘쳐납니다. 생활 속 의존 물질이라 하면 무엇이 가장 먼저 떠오르나요? '술', 즉 알코올을 떠올린 사람이 가장 많지 않을까 싶습니다. '카페인'이라 답한 사람도 있겠지요.

알코올과 카페인 같은 물질은 모두 약물입니다. 약물은 좋은 의존을 형성하기가 어렵기에 의존 대상으로 적합지 않습니다. 힘든 시간을 보내는 사람일수록 최대한 멀리하는 편이 좋다고 생각합니다.

이런 물질의 의존은 뇌에서 분비되는 도파민 양 증가의 정상 범위를 훌쩍 넘어서는 강제적이고 강렬한 자극을 동반하기 때문입니다. 한번 의존하면 끊어내기가 굉장히 어렵습니다. 이렇게 말하면 '성인인데 법으로 금지하지도 않는 술을 마시지 말라니 너무한 거 아닌가'라고 생각할지도 모릅니다.

인류 역사에서 알코올은 매우 뿌리가 깊습니다. 술이 이 세상에 태어난 것은 문자도 없던 시대입니다. '기원전 4,000년경 메소포타미아에서 포도주를 마셨다'라는 기록이 그 예입니다.

의외로 알코올을 분해하는 ALDH2라는 효소를 만드는 유전자가 없는 사람도 많습니다. 그 사실을 모른 채 평생 술을 마시기도 합니다. 술을 즐겨 마시는 사람은 모두 알코올 의존증이 될까요? 대체 어떤 경우에 알코올 의존증이 되는 것일까요? 알코올 의존증은 '그 사람이 마실 수 있는 알코올 최대량을 넘긴 상태'라고 이해하면 됩니다. 알코올 의존증은 개인의 근성 및 성격과 전혀 관계가 없습니다.

술이 약한 사람은 알코올 의존증이 되기 어렵습니다. 한 번에 마시는 양이 적어서 알코올의 최대량에 이르는 데 시간이 오래 걸리기 때문입니다. 실제로 알코올을 분해하는 효소 ALDH2를 가진 술이 센 사람은 한 번에 마시는 양이 많아 금세 최대량을 채워버릴 위험이 있습니다.

좋은 의존을 하려면 술처럼 의존증으로 진행되기 되기 쉬운 대상은 아예 피하는 것이 좋습니다.

알코올 의존증은 본의 아니게 우연히 생기기도 합니다.

지방 출신으로 고등학교 때까지 지역의 명문 학교에서 상위권을 유지한 학생이 있었습니다. 우수한 성적으로 도쿄에 있는 명문대에 진학하며 자취 생활을 시작했습니다.

도쿄의 대학은 그의 자존심을 산산조각냈습니다. 명문대에는 전국 각지의 1등이 모입니다. 지방에서는 본 적 없는 수재들뿐입니다. 조금만 공부해도 충분했던 예전과 달리, 명문대에서는 열심히 공부해도 좋은 성적을 얻지 못할 수도 있다는 것을 처음 깨달았습니다.

시간이 지날수록 비대면 강의 시간에 딴짓을 하게 되고 성적은 자꾸만 떨어졌습니다. 정신을 차려보니 벌써 2학년입니다. 강의를 열심히 들어도 모자랄 판에 잘 들지도 않으니 수업 내용을 이해할 수 없었습니다. 겨우 필수 출석률 채우기에 급급해서 취직은커녕 졸업마저 불안한 상황이 되었습니다.

문득 영화 동아리 '비대면 신입생 환영회' 공지가 생각났습니다. 기분전환 겸 비대면 모임에 참석해보기로 했습니다.

비대면 모임용 술을 사는 일조차 비일상적으로 느껴질 만큼 그는 오랫동안 밖에 나오지 않았습니다. 술을 그다지 마셔본 적 없었기에 도수 낮은 술을 몇 가지 사서 집에 왔습니다.

"어? 너 술 세구나!"

컴퓨터 모니터 너머로 들려온 말에 그는 깜짝 놀랐습니다. 주스 같은 패키지에 든 하이볼은 많이 마셔도 아무렇지 않았습니다. 명절에 본가에서는 도수 높은 소주를 친척들 모두 아무렇지 않게 마셨는데 화면 속의 학우들은 벌써 벌겋게 달아오른 얼굴로 잔뜩 신이 나 떠들고 있었습니다.

"아, 센 건가요?"

"센 거지! 같은 속도로 마셨으면 꽤 마셨을 텐데."

그렇게 말하는 이의 이름을 화면에서 확인해보니 성적이 좋은 동급생입니다. '짜증나는 일을 잊으려고 술자리에 참석했는데 또 성적 생각을 하다니' 하고 풀이 죽어 있는데 다시 이런 말이 들렸습니다.

"너, 대단하다. 난 상대가 안 되네!"

어지간히 노력해도 공부로 이기지 못할 수재의 말이었습니다. 정말 오랜만에 듣는 진심 어린 칭찬이었습니다. 요즘은 누군가와 제대로 대화한 적도 없었으니까요.

- 술이 세면 칭찬받는다 → 긍정적인 성공 경험으로 각인된다.
- 술을 많이 마시면 존경받는다 → 이 경험을 반복하려면 술을 많이 마셔야 한다고 오해한다.

잘못된 성공 경험이 각인되면서 그의 인생은 크게 달라졌습니다. 영화 동아리에서는 술 모임이 자주 열리지 않아서 술자리를 목적으로 하는 '술 동아리'에 가입했습니다. 역시나 술 동아리는 영화 동아리와는 달리 술을 즐기는 사람, 많이 마시는 주당들이 모여 있었습니다.

술 동아리 모임 안에서도 그는 술이 꽤 센 편으로 판명 났습니다. '술이 약한 사람한테 칭찬받는 것보다 술이 센 사람한테 칭찬받으면 더 기쁘다'는 사실을 알게 됐습니다.

점점 마시는 술의 종류가 달라졌고 술의 도수도 올라갔습니다. 부모님이 보내주는 용돈만으로는 술값을 충당할 수 없자 값은 싸고 도수는 높은 술을 골랐습니다.

술값을 벌기 위해 아르바이트도 시작했습니다. 아르바이트 동료들 사이에서도 많이 마시면 대단하다는 말을 듣자 그는 열심히 술자리를 만들었습니다. 마시는 양이 늘고 알코올 도수가 높아진 후로 취한 기분을 알게 된 그는 지금까지 모르고 산 것이 후회되기까지 했습니다.

영화 동아리 친구들이 술을 마시며 영화를 보면 더 재밌다고 말한 데다 기존해 봤던 영화를 취한 상태에서 보면 새로운 관점이 생긴다는 핑계로 음주와 함께 영화관람을 했습니다. 그는 자신도 남들과 비슷하다고 생각했습니다.

오랜만에 술과 관련 없는 외출을 준비하면서 왠지 모르게 밖에 나가기가 두려워졌습니다. 한동안 술 마시러 다니느라 공부를 전혀 하지 않은 것이 불안한 것일까요? 아니면 자신을 굉장하다고 칭찬해준 성적 우수자에게 성적으로 무시당할까 봐 겁이 난 것일까요? 이유야 어찌 됐든 괴로울 정도로 긴장감이 솟구쳤습니다. 이때 처음으로 '외출을 위한 음주'를 했습니다.

어디까지나 하나의 사례이지만 온라인 수업을 하는 학생뿐 아닙니다. 재택근무를 하는 직장인들도 코로나19 시기에 외출이 줄어든 만큼 알코올에 손을 뻗을 기회와 시간이 많아진 것은 사실입니다.

재택근무를 하면서 술을 마셔도 들키지 않는다는 것을 알게 된 애주가, 매일 지적만 당해서 회사에 출근하기가 두렵지만 취기를 빌리면 어떻게든 출근할 수 있음을 알게 된 회사원, 마스크를 착용하고 있으니 술을 마셔도 티 나지 않을 것이라고 생각하는 학생 등 많은 사람이 이전엔 마시지 않았을 상황에서 술을 마시게 되었습니다.

좋은 의존을 하자고 제안하는 이 책에서 반드시 말하고 싶은 것이 있습니다. 바로 '알코올을 마음의 버팀목으로 삼으면 위험하다!'는 사실입니다. 알코올이 위험하다고 이토록 강조하는 데는 이유가 있습니다.

좋은 의존은 사회적으로 문제를 일으키지 않고 마음의 안식처가 되는 것입니다. 앞에서 말했듯이 여러 개 있는 것이 좋습니다. 또한 뇌의 보상 회로에 작용하는 도파민은 행복감과 뭔가를 더 열심히 하도록 하는 자극제가 되지만, 같은 자극이 반복되면 분비량은 점점 줄어듭니다. 여기에 알코올과 관련된 지식을 더 해봅시다.

술에 취하는 이유 제대로 알기

술을 마시면 왜 취할까요? 알코올은 우리 몸에 들어가면 뇌의 대뇌피질이라는 부분을 마비시킵니다. 뇌의 구조(50쪽 그림 참조)를 다시 보면 이해하는 데 도움이 됩니다.

뇌는 대뇌·소뇌·뇌간 크게 세 부분으로 나뉩니다. 뇌간은 살아가는 데 필요한 기본적인 움직임을 제어합니다. 뇌간이 망가지면 살아갈 수 없습니다. 소뇌는 지금 제가 이 문장을 키보드로 입력하는 세세한 움직임부터 의자에 앉는 커다란 동작까지 다양한 운동계를 제어합니다. '대뇌'는 다시 '대뇌피질'과 '대뇌변연계'로 나뉩니다. 인간처럼 고도로 발달한 동물에게만 존재하는 '감정'을 제어합니다. 알코올이 마비시키는 '대뇌피질'은 그중에서도

'이성'을 관장하고 '대뇌변연계'는 '본능'과 관련이 있습니다.

즉, 뇌가 알코올의 자극을 받으면 이성적인 부분이 마비되고 본능만 앞선 상태가 됩니다. 이를 '취했다'고 표현합니다.

평소에는 얌전한 사람이 술만 마시면 태도가 달라지고 큰소리치는 것은 뇌 일부가 마비됐기 때문입니다. 그러면 자제심과 공포심이 제대로 작동하지 않습니다. 평소라면 신경 쓸 만한 일에도 대범해집니다. 이런 작용이 술을 마시면 긴장이 풀린다고 생각하게 합니다.

다시 도파민 이야기로 돌아가봅시다. 체내로 들어간 알코올은 간으로 옮겨져 알코올 탈수 효소에 의해 아세트알데히드로 분해됩니다. 이 아세트알데히드가 부신피질이나 교감신경절이라는 부분에 작용하여 체내에 신경전달물질인 카테콜아민, 즉 도파민·노르아드레날린·아드레날린 등을 방출시킵니다.

결과적으로 열심히 보상 회로를 자극해서 나오게 만들려던 도파민이 술을 마시면 제한 없이 임의로 방출되면서 행복감이 생겨납니다.

사례에 소개된 대학생은 음주로 도파민이 나온 시점에 성적 우수자에게 '대단하다!'라는 칭찬을 들으면서 보상 회로도 작동했습니다. 알코올로 인한 성공 체험의 오작동이 일어난 것입니다.

원래 도파민은 신체에 무해한 행위를 통해 조금씩 꾸준히 방출되는 것이 자연스럽습니다. 자격증 취득과 성적 향상처럼 자신에게 도움이 되는 성공 체험이나 선인장에 꽃을 피우는 즐거움과 집안 청소처럼 주변과 마음이 깨끗해지는 좋은 변화가 그런 예지요. 이런 행위를 통해 얻은 도파민은 인간의 정신에도 긍정적으로 작용합니다.

그러나 도파민이 24시간 편의점에서 파는 알코올에 의해서만 방출된다면 과연 어떻게 될까요? 취하기 위해 자꾸 술을 마시고 싶어지겠지요.

알코올이 무서운 이유는 또 있습니다. 뇌는 알코올에 내성을 만듭니다. 내성 형성 때문에 지금까지 마신 양으로는 취하지 않게 됩니다. '그럼 취할 때까지 마시면 되지!'라고 생각하는 여러분이 기억해야 할 것이 있습니다. 알코올 의존증이 되는 것은 알코올 최대량 이상을 마셨을 때라는 것입니다.

알코올에 내성이 생기고 마시는 양이 점점 늘어나면 어떻게 될까요? 인간의 신체가 견디지 못하게 됩니다. '알코올을 마음 기댈 곳으로 삼기', '알코올에 나쁜 의존을 하지 않을 만큼만 마시기' 자체가 인간의 신체 구조상 불가능합니다.

내성 형성 외에도 대뇌피질이 마비된 상태가 오래 이어질수록 뇌는 몸에 알코올이 존재하는 것이 정상이라고 오해하게 만듭니다. 이 오해가 발생한 상태로 갑자기 알코올을 끊으면 뇌는 '알코올이 없음'을 정상이 아닌 상태로 판단합니다. 결국 자율신경계 이상 증상, 기분 장애, 심한 경우 경련 발작이나 환각 같은 알코올에 의한 다양한 금단 증상이 나타납니다.

이것은 술이 끊기면 손을 떨고 식은땀을 흘리면서 꼬인 혀로 "술! 술을 가져와!" 하고 고함치는 이른바 알코올 의존증 환자의 전형적 모습이 아닌가요? 그러나 이 증상은 몇십 년 술을 계속 마신 사람에게만 나타나는 것이 아닙니다. 마신 기간이 한 달밖에 되지 않아도 뇌가 오해하면 이런 증상이 나타납니다.

금단 증상에서 벗어나려면 뇌가 정상이라고 착각하는 혈중 알코올 농도가 될 때까지 술을 마셔야 합니다. 그러다 알코올에 내성이 생기고 주량은 무한대로 늘어갑니다. 그런 이유로 알코올에 좋은 의존은 생길 수 없다고 계속 강조하고 있습니다.

'조금 취했을 때까지만 마시면 되지 않을까'라고 생각할지도 모릅니다. 그런 생각은 이성, 즉 대뇌피질에서 비롯됩니다. 알코올이 가장 먼저 기능을 멈춰버리는 대뇌피질에 의지해 '이제 그만 마셔야지' 하고 다짐해본들 막상 취하면 그 다짐은 효력을 발휘하지 못합니다.

인생을 즐겁게 살고 싶다면 좋은 의존을 많이 만들기 바랍니다. 지금 알코올을 적당히 즐기는 사람이라면 앞으로도 지금 마시는 양을 유지하며 알코올을 대하면 됩니다. 취했을 때 주변에 피해를 주지 않고, 필름이 끊길 정도로 마시지 않고, 괴로움이나 불면 해소 수단으로 마시지 않는 사람에 해당하겠지요.

힘든 일을 잊기 위해 술을 마신다면 점차 양 조절이 어려워질 수밖에 없습니다. 특히 외롭고 고독한 상태에서 술을 마시면 의존증 위험이 커집니다. 알코올이 아닌 것에 시선을 돌리기가 힘들기 때문입니다.

만약 지금 이런 상태라는 자각이 있다면 정신건강의학과를 방문해 전문의와 상담해보세요. 또 지역의 알코올 의존 환자를 위한 자조 모임이자 금주 모임인 '익명의 알코올 중독자들Alcoholics Anonymous, A.A.'을 찾아봐도 좋습니다. 고립에서 벗어나 회복으로 가는 이정표가 보일 것입니다. 알코올에 대한 병적 의존은 전문 치료와 지원이 꼭 필요합니다. 이것은 약물이나 섭식 장애도 마찬가지입니다.

술을 인생 즐거움으로 활용하기

술을 멀리하기보다 어떻게든 술과 잘 지내보고 싶다고 생각하나요? 애주가를 위한 최소한의 절대 규칙을 소개합니다.

혼자 술 마시는 상황을 피한다

다른 사람과 대화하면서 마시면 천천히 마시게 되어 음주량이 줄어듭니다. 혼자 취하기 위해 술을 마시면 단시간에 과음하기 쉬우니 되도록이면 혼자 마시지 않습니다.

술을 문제 해결 도구로 삼지 않는다

긴장을 풀기 위해, 잠들기 위해, 화를 누그러뜨리기 위해 술을 마시지 않습니다. 술을 마셔야만 어떤 행동이 가능하다는 이유는 핑계에 불과합니다. 술로 문제를 해결하려는 습관이 생기면 '취하지 않으면 아무것도 못 하는' 또 다른 문제가 발생합니다. 도구는 잘못 활용하면 자신을 다치게 합니다.

술맛을 즐기되 마시는 양은 줄인다

식사에 곁들이는 와인이나 한두 잔의 반주는 음식과 술의 풍미를 한층 끌어올립니다. 식사할 때 요리에 잘 어울리는 술인지 아닌지 음미하며 즐기는 방법도 좋습니다. 자연스레 마시는 양이 줄게 되므로 의존증 위험성도 낮아집니다.

'술은 마셔도 술에 먹히지는 말라'는 말이 딱 맞습니다. 최근 의존증 치료 현장에서는 반드시 금주만이 아니라 절주도 효과가 있지 않을까 검토하는 분위기입니다. 술을 마실 때는 '적정량을 적당히!'라는 원칙을 꼭 기억하기 바랍니다.

- 술에 취한 상태란 이성, 즉 대뇌피질이 마비된 상태다.
- 알코올 의존증은 술이 센지 약한지가 아니라 본인이 알코올을 처리할 수 있는 양, 즉 마신 양과 관계 있다. 그 양을 줄이는 것이 좋다.
- 뇌는 알코올에 내성을 형성한다. 뇌가 알코올이 있는 상태를 '정상'으로 오해하면 술을 끊었을 때 금단 증상이 나타난다.
- 외롭고 고독할 때 음주는 알코올 의존증으로 발전하기 쉬우니 주의한다.

카페인

현대인의 '생존 음료', 신경자극제 이해하기

당신은 하루에 카페인을 어느 정도 섭취하나요? 카페인을 전혀 섭취하지 않으려면 꽤 깐깐하게 먹거리를 선택해야 합니다. 카페인은 다양한 음식에 포함되어 있으며 생각보다 우리 생활 깊숙이 들어와 있습니다.

혹시 향긋한 커피 한잔으로 하루를 시작하나요? 커피를 즐기는 이유는 저마다 다르겠지만 정신이 맑아지려는 것도 빼놓을 수 없는 이유입니다. 실제로 카페인은 졸음을 쫓고 머리를 맑게 하는 각성 작용을 합니다.

카페인은 뇌의 '아데노신 수용체'에 결합하여 각성 효과를 나타냅니다. 그래서 커피를 마시면 정신이 맑아진다고 느끼는 것이지요. 이 밖에도 이뇨 작용, 해열진통 작용, 강심 작용이 있는 카페인은 전 세계에서 널리 사용되는 신경자극제입니다.

카페인도 알코올과 마찬가지로 약물의 일종입니다. 약물이라니 갑자기 거부감이 드나요? 적정량의 카페인은 각성 작용으로 졸음이나 권태감을 완화하고 일시적으로 집중력을 향상시킵니다. '조금만 더 힘내서 하던 일을 끝내야지!' '오늘밤만 잘 견뎌보자!' 같은 상황이라면 잠시 카페인의 힘을 빌려도 괜찮습니다.

카페인은 알코올과 마찬가지로 도파민의 작용에 영향을 줍니다. 내성이 형성되고 금단 증상이 나타난다는 특징도 알코올과 같습니다.

흔히 카페인 자체에 피로회복 효과가 있다고 생각하지만 그렇지 않습니다. 카페인은 뇌의 아데노신이라는 물질이 아데노신 수용체와 결합하는 것을 방해하는 역할만 합니다. 일시적으로 뇌가 아데노신을 인지하지 못하게 만들 뿐입니다.

아데노신은 뇌가 활동한 뒤 생성되는 노폐물 같은 일종의 피로 물질로, 각성 작용이 있는 도파민의 효과를 떨어뜨려 졸음이 오게 합니다. 아데노신은 잠자는 동안 없어지므로 뇌에 노폐물이 많이 쌓이면 뇌를 청소하기 위해 잠이 오는 것입니다. 카페인은 뇌가 이런 노폐물을 발견하지 못하게 만듭니다. 피로 물질인 노폐물이 쌓여 있어도 뇌를 속여 계속 깨어 있게 만듭니다. 문제는 노폐물이 그대로 쌓여 있는 상태라는 것입니다.

카페인을 섭취하고 잠깐 활력이 생겼다가도 나중에 갑자기 피로가 몰려오는 이유입니다. 카페인이 체내에서 사라지면서 뇌가 노폐물을 인지했기 때문이지요. 이때 어떻게 대응하는지가 무엇보다 중요합니다. 좋은 의존과 질병인 의존증으로 나뉘는 결정적 순간입니다.

좋은 의존: 급한 고비는 넘겼으니까 이제 푹 자고 쉬어야겠다!

— 수면으로 뇌의 노폐물을 청소하네요. 카페인을 상황에 맞게 적절히 활용했습니다.

카페인 의존증: 카페인이 떨어지니 갑자기 피로가 몰려오네. 더 섭취해서 다시 기운을 차려야겠다!

— 뇌에 노폐물은 점점 쌓여갑니다. 카페인에 내성이 생겨서 뇌는 체내에 카페인이 있는 상태가 정상이라고 착각합니다. 체내에서 카페인이 사라지면 금단 증상이 나타납니다. 금단 증상의 괴로움을 해소하고자 다시 카페인을 섭취하는 악순환이 반복됩니다.

어떤가요? 카페인이 우리 몸에서 어떻게 작용하는지 알 때와 모를 때의 카페인 활용법은 분명 다르겠지요.

내성이 생기면 더 강한 카페인을 사용해야 효과가 나타납니다. 커피로는 뭔가 부족한 느낌이 들어 에너지 드링크를 마시거나 알약 형태의 카페인을 더 먹었다면 내성이 형성된 상태입니다.

카페인에는 해열진통 효과도 있으나 오히려 카페인이 두통을 악화하기도 하므로 섭취 시 주의가 필요합니다. 카페인은 혈관 수축 작용으로 통증을 완화합니다. 체내에서 카페인이 사라지면 뇌혈관이 확장되고 뇌의 표면 막이 늘어나면서 두통이 발생합니다. 결국 '체내에 카페인이 없으면 두통이 발생'하는 악순환이 만들어집니다. 이런 증상이 나타나면 카페인 섭취량을 스스로 조절하기가 어려워집니다.

카페인을 매일 235mg(커피 약 두 잔 분량) 이상 섭취하는 사람 두 명 중 한 명은 금단 증상을 겪는다는 연구 결과도 있습니다.

카페인의 금단 증상으로는 두통 외에도 집중력 저하, 초조함, 졸음, 나른함, 위장이나 관절 통증이 나타납니다. 카페인 섭취를 멈추고 12~24시간 사이에 이러한 현상이 나타난다면 카페인 금단 증상이라고 봐도 무방합니다. 증상은 대체로 48시간 사이에 가장 많이 나타나고 2~9일 정도 이어지다가 사라집니다.

매일 커피를 두 잔 이상 마시는데 금단 증상이 나타나는 사람이라면 커피를 끊고자 할 때 '48시간, 2~9일'이라는 기간을 잘 기억해두세요. 증상이 대체 언제까지 계속될까 막연히 불안해할 때보다 구체적인 숫자를 기억하면 한결 편안하게 힘든 시간을 이겨낼 수 있습니다.

불편한 증상이 나타나기 전에 카페인을 자신에게 맞게 적절히 활용하면 됩니다.

- 적정량의 카페인은 졸음과 나른함을 완화하고 집중력을 높이는 각성 효과가 있다.
- 카페인은 뇌의 피로를 일시적으로 감출 뿐이다. 피로는 충분한 휴식으로 풀어야 한다.
- 카페인에도 금단 증상이 나타난다.
- 습관적인 카페인 섭취로 '카페인 금단 두통'이 생기기도 한다.

인터넷

도파민 샤워에서 멀어지기

       인터넷을 사용하지 않는 사람이 거의 없습니다. 스마트폰은 복잡해서 싫다며 피처폰을 고집하는 제 지인도 인터넷은 제법 이용합니다.

요즘에는 노트북을 들고 다니지 않아도 스마트폰이나 태블릿PC로 웬만한 일은 처리할 수 있습니다. 컴퓨터보다 스마트폰으로 입력하는 게 더 빠르다며 졸업 논문을 스마트폰으로 작성하는 학생도 있더군요.

종이 책이 들고 다니기 무겁다고 스캔하여 태블릿PC에 파일을 저장해서 보는 학생들도 의외로 많습니다.

이번 장에서는 일상에 편리함을 제공하는 인터넷과 인류의 만남이 뇌에 가져온 변화를 알아보고자 합니다.

도파민이 부족하면 인터넷 의존도가 높아진다

다른 사람과 식사하는 자리에서 스마트폰을 사용하나요? 저는 사용합니다. 인터넷 기사를 읽지는 않지만, 스마트폰으로 음식 사진을 찍거나 저장해둔 흥미로운 기사를 공유하기도 합니다. 규모가 큰 모임에서 딱히 할 일이 없을 때 저도 모르게 트위터를 본 적도 있습니다.

주변을 둘러보면 테이블에 휴대폰을 꺼내놓는 사람도 있고 아닌 사람도 있습니다. 휴대폰을 꺼내지도 않는 사람과 자꾸만 휴대폰을 들여다보는 사람은 대체 무엇이 다를까요?

저는 ADHD(주의력 결핍 과잉 행동 장애)라는 발달장애가 있습니다. ADHD의 특징이 완전히 밝혀지지는 않았지만 대뇌 일부인 전두엽에 이상이 있어 도파민이 전두엽에 제대로 도달하지 않아서 발생한다는 가설이 있습니다. 실제로 약물 치료로 뇌의 도파민을 늘리면 증상이 일시적으로 개선됩니다.

갑자기 발달장애 이야기가 나와 놀랐을지도 모르겠네요. 이 이야기를 꺼낸 이유는 ADHD의 특징에 '스마트폰에 나쁜 의존을 하는 힌트'가 있기 때문입니다.

ADHD는 평소 도파민이 부족하기 때문에 도파민이 다량 분비되는 행위에 쉽게 빠져듭니다. 발달장애가 없는 사람의 뇌에서는 동일한 자극이 계속되면 도파민에 대한 반응이 약해지고 그 자극에 무뎌집니다. 반면에 도파민 전달에 이상이 있는 ADHD의 뇌는 동일 자극의 반복에도 도파민이 계속 반응합니다. 그래서 좀처럼 질리지 않고 도파민이 분비되는 행위를 계속합니다.

저도 물론 그렇습니다만 ADHD를 가진 사람 중에는 스마트폰을 좋아하는 사람이 유난히 많습니다. 스마트폰은 다양한 정보가 끊임없이 넘쳐나는 '마법 상자'입니다. 정보의 홍수는 뇌를 자극하고 쉴 새 없이 도파민 분비를 촉진합니다.

ADHD 치료에는 '메틸페니데이트'라는 각성제와 비슷한 성분의 약이 사용됩니다. 각성제와 비슷하다고 하니 의존증이 생기지 않을까 우려할지도 모르겠네요. 하지만 저는 근무하지 않는 날에는 약을 먹지도, 먹고 싶은 생각도 들지 않습니다. 정량을 복용하고 남용하지 않습니다. 일하는 날에만 메틸페니데이트의 도움을 받아 스스로 조절 가능한 의존을 하고 있습니다.

저는 ADHD 중에서도 '주의력 결핍형'으로 약을 먹지 않으면 다른 사람이 이해하기 힘든 실수를 연발합니다. 시간을 착각해서 지각하거나 집중력 조절에 오류가 생겨(산만했다가 과하게 집중했다가 하는) 서류 제출 마감일을 놓치고 내야 할 서류를 잃어버리기도 했습니다. 일상생활에 지장이 생기는 증상 때문에 오랜 기간 힘들었습니다.

지각하고 싶지 않은데도 엉뚱한 일에 정신을 빼앗겨 시간을 지체하기 일쑤였습니다. 그러다 보니 '왜 시간을 맞추지 못하냐?' '다들 쉽게 하는 일을 왜 못해?' '장난치지 말고 제대로 해'라는 질책을 자주 들었습니다.

ADHD의 뇌에는 앞에서도 언급했듯이 신경전달물질인 도파민과 노르아드레날린이 부족합니다. 그 결과 신경전달물질의 불균형으로 주의력 부족이나 충동적이고 산만한 행동(과잉행동형) 등의 증상이 나타난다고 알려져 있습니다.

ADHD 치료 약인 메틸페니데이트는 뇌에서 도파민과 노르아드레날린을 재이용하도록 만듭니다. 그러면 뇌가 도파민을 필요 이상으로 원치 않게 됩니다. 스마트폰을 계속 보고 싶다는 생각이 들지 않게 되는 것입니다.

우리는 언제 어디서나 스마트폰으로 인터넷에 접속할 수 있습니다. 새로운 정보가 잇따라 들어오고 뇌는 도파민을 분비합니다. 끊임없이 정보가 업데이트되는 SNS는 누군가와 함께 있다고 착각하게 만듭니다.

평소 뇌에 도파민이 부족한 ADHD에게 스마트폰은 언제라도 도파민을 쉽게 얻게 해주는 마법 상자입니다. 그러니 빠져나오기가 더 힘든 것이지요. 이런 경향은 자기긍정감이 낮은 사람에게도 비슷하게 나타납니다. 자기긍정감이 낮으면 일상에서 도파민을 자연스럽게 얻어내기가 어렵기 때문입니다.

SNS가 좋은 의존 대상이 되려면?

좋은 의존이 가능한 사람과 나쁜 의존에만 빠지는 사람의 차이는 어디에 있을까요? 인터넷이나 SNS 사용법과 연결해서 살펴보겠습니다.

지극히 평범한 가정에서 태어나 자란 20대 여성이 있습니다. 무뚝뚝하지만 중요한 순간에는 도움을 주는 아버지. 평소에는 잔소리하기 바쁘지만 우울할 때마다 좋아하는 간식을 만들어 위로해주는 어머니. 장난치기 좋아하고 같이 놀아준 지금은 세상을 떠난 반려견까지. 게다가 친구들도 남들만큼은 있어서 외로울 틈이 없었습니다. 모두 좋은 추억으로 간직하고 있습니다.

평범한 집안에서 자랐다고 생각했는데 사회인이 되어 혼자 나와 살면서 자신이 얼마나 축복받은 환경에서 살아왔는지 깨달았습니다.

그녀가 웃으며 "쑥스러우니까 그만하세요"라고 말릴 정도로 부모님은 항상 칭찬을 해주었습니다. 실수했을 때도 비난의 말

대신 "아빠도 예전에 그런 실수를 했어"라고 말해주었습니다. 실패담이나 아쉬운 점을 토로하는 그녀 곁에서 아버지는 그저 고개를 끄덕이며 푸념을 들어주었습니다. 장난꾸러기 반려견은 부모님께는 부끄러워서 말 못 할 연애사를 잠자코 들어주는 존재였습니다. 이처럼 그녀는 어렸을 때부터 부모님의 칭찬이라는 성공 체험이 반복되면서 뇌의 보상 회로는 도파민을 충분히 분비해왔습니다.

사회에서는 이런 역할을 아무도 해주지 않는다는 사실에 그녀는 깜짝 놀랐습니다. 업무 인수인계를 받지 못해 작업이 안 된 것에 대해 상사는 "물어보지 않은 네 탓"이라고 합니다. 그날 기분에 따라 지시 내용이 달라지는 직장 상사. 다른 사람의 실수나 연애 '뒷담화'에 여념 없는 부서 사람들. 그녀가 나름대로 애쓰고 있지만 이런 환경에서는 아무도 그 노력을 인정해주지 않습니다.

SNS에서 고향 친구의 근황을 보니 '나만 힘든 것이 아니구나'라는 생각이 듭니다. 기분이 가라앉은 날에 부모님이나 친구와 메신저로 대화하면 주변에서 보내주는 든든한 지원과 응원이 새삼 실감납니다. 스마트폰으로 게임도 하고 만화도 읽지만 너무 빠지지는 않습니다. 친구들과 이야기를 하다가 이직에 유리하다는 자격증을 알게 되었습니다. 요즘은 자격증 공부를 시작해보려고 열심히 인터넷으로 알아보는 중입니다.

자, 이런 식으로 인터넷과 SNS를 사용한다면 좋은 의존이겠지요. 아무에게도 피해를 주지 않고 약해진 마음을 지탱하는 데 활용합니다. 경제적인 문제도 유발하지 않습니다.

다른 상황을 함께 살펴볼까요?

아버지와 속 깊은 대화를 나눠본 적이 별로 없는 가정 환경에서 자란 여성이 있습니다. 일밖에 모르는 아버지는 어머니에게 "아이 일은 당신이 다 알아서 해"라고 합니다. 쉬는 날에도 가족이 함께 외출하는 일은 없었습니다.

육아와 교육을 온전히 혼자 떠맡은 중압감 때문이었는지 어머니는 그녀가 명문대에 가기를 바랐습니다. 그녀는 학교와 학원에서 늘 경쟁에 치였습니다. 열심히 노력해서 치른 모의고사 결과를 어머니에게 보여주면 "1등이 아니네. 너는 이 정도에 만족하니?"라며 한숨을 쉬었습니다. 식사도 잘 챙겨주고 학원비도 내주었으니 분명 학대는 아니었습니다.

그러나 '노력해서 칭찬받으면 도파민이 나온다'라는 보상 회로가 전혀 작동하지 않았기에 그녀는 늘 괴로웠습니다. 보상을 얻지 못하면 노력이나 인내를 강요받아도 뇌가 힘을 낼 수 없습니다. 인정받지 못하면 기분도 가라앉기만 합니다.

최선을 다해 1등을 해도 어머니는 "계속 지금처럼 해"라고만 합니다. 노력해도 칭찬을 받지 못하니 뇌도 마음도 메말라갑니다. 좋은 대학에 진학해서 대기업에 취직했지만 부모님은 그저 당연한 일이라는 반응입니다. 보람을 느끼고 동기를 유발하는 도파민은 나오지 않습니다. 그저 하루하루가 힘들고 지칩니다.

그러다 우연히 SNS에서 동창생들이 즐겁게 주고받는 대화를 발견했습니다. '나보다 한 단계 아래라고 내심 무시했던 대학과 회사에 들어갔는데 어째서 이 친구들이 더 즐거워 보이지?'라는 생각이 듭니다. 그러다 고층 빌딩에 있는 대기업에서만 보일 법한 야경 사진을 SNS에 올려봅니다.

'이런 야경을 매일 보면서 일하는 거야?!' '멋있다, 대도시!'라며 이제껏 접해본 적 없는 칭찬이 댓글에 달리고 '좋아요'가 늘어납니다. 그녀의 뇌에는 다량의 도파민이 분비되어 엄청난 만족감이 마음을 가득 채웁니다.

어떤 게시글에 '좋아요'가 많은지 SNS를 둘러보니 고급 레스토랑이나 명품 관련 게시글에 특히 '좋아요'가 많았습니다. 그중에는 자기 얼굴 사진을 올려서 '예뻐요!' '미인이네요!'라고 외모를 칭찬받는 계정도 있었습니다.

그녀는 SNS에서 인기 있다는 레스토랑에 가보았습니다. 가격은 확실히 비쌌지만 제법 많은 돈을 저축한 그녀가 감당할 만한 수준이었습니다. 레스토랑에서 사진 찍기가 조금 꺼려졌으나 어떻게든 찍어서 SNS에 올리자 '좋아요'와 '가보고 싶다, 좋겠다'라는 선망의 댓글이 달렸습니다. 기분이 좋아졌습니다. 그러다 같은 가게, 같은 메뉴라도 유난히 좋은 반응을 얻는 사람이 있다는 사실을 알게 되었습니다.

촬영 장비나 조명에 신경 쓰거나 각도를 조금만 바꿔도 사진의 느낌이 달라진다는 것과 사람들이 좋아하는 스타일을 파악했습니다. 촬영 방식과 멘트도 사람들이 선호하는 스타일로 바꿨습니다. 그러자 반응이 눈에 띄게 좋아졌습니다.

그녀에게 SNS는 '노력한 만큼 인정받는 유일한 세계'가 되었습니다. 그녀는 많은 댓글과 '좋아요'를 받기 위해서 오늘도 틈틈이 노력합니다.

여기서 멈춘다면 '그녀가 좋은 의존 대상을 발견한 흐뭇한 이야기'로 끝날 테지요. 조금 더 깊이 빠지면 어떻게 될까요?

그녀는 저축한 돈이 꽤 줄어들었음을 깨달았습니다. 한두 번이라면 그리 부담되지 않겠지만 고급 식당의 계절 메뉴와 명품 브랜드 신상품은 잇따라 출시됩니다. 다른 인플루언서는 대체

인터넷과 SNS의 좋은 의존

어떻게 돈을 마련하는지 신제품 사진을 끊임없이 올리며 '좋아요'를 쌓아갑니다.

그녀가 선택할 수 있는 행동 패턴입니다.

1 SNS를 그만둔다.
2 SNS에서 일단 멀어졌다가 부담되지 않는 범위 내에서 다시 게시물을 올린다.
3 돈을 빌리는 등 방법을 궁리해서 게시 빈도를 유지한다.
4 다른 사람의 사진을 내가 찍은 사진인 양 자랑하며 올린다.

뒤로 갈수록 사회적 타격이 점점 커집니다. 1번을 선택하면 그녀는 앞으로 '좋아요'를 받지 못하겠지요. 도파민이 분비되는 다른 좋은 의존을 탐색하는 계기가 될지도 모릅니다.

어렸을 때부터 도파민이 충분히 분비된 사람과 그렇지 않은 사람의 차이가 나타납니다. 노력을 온당히 칭찬받고 인정받은 사람은 이것이 안 될 때 다른 것을 찾아볼 심적 여유가 있습니다. 이대로 가면 생활이 망가지니 다른 방법으로 도파민을 얻어야겠다는 생각으로 다른 길을 고려할 수 있습니다.

나쁜 의존은 본능이 이성을 제압한 상태입니다. 이성의 조절

키를 본능에 빼앗기지 않으려면 한 가지에만 몰두하지 않는 것이 중요합니다. 대체안이 필요합니다.

'이제 와서 성장 과정을 바꿀 수도 없고 어쩌나'라고 생각했나요? 저도 어렸을 때는 발달장애 영향도 있고 부모님께 칭찬받은 기억이 별로 없습니다. 지금도 저는 자신을 무척 낮게 평가합니다. 남들이 보기에는 의사인데 자기 평가가 낮은 것이 의아할지도 모릅니다. 사실 저뿐만 아니라 다들 고민 없이 행복해 보여도 각자 나름대로 괴로움을 안고 살아갑니다.

그래서 저는 우선 다양한 일을 시도해보고 자신을 칭찬하려고 노력합니다. 크면서 칭찬받지 못했던 만큼 지금의 제 모습을 스스로 칭찬해주면서 자아를 다시 키우는 중입니다.

만약 저와 같은 상황에 있는 사람이라면 우선 자기 자신을 마구마구 칭찬해주세요. 돈도 들지 않고 손해 볼 일은 전혀 없습니다. 스스로 칭찬하기는 여러분의 시야를 조금씩 넓혀준답니다.

스트레스와 도파민의 아슬아슬한 줄타기

온라인상에서 나쁜 의존이 형성되기 쉬운 대상을 살펴보겠습니다. 바로 게임입니다. 그중 소셜 게임이란 SNS에 기반을 둔 게임을 가리킵니다. 여기에는 과금, 즉 유료결제 시스템이 있습니다.

'30분 분량의 경험치 획득'처럼 구매 내용이 고정된 것도 있고, 아이템이 무작위로 나오는 '확률형 아이템 뽑기' 방식도 있습니다. 뽑기로 희귀 캐릭터나 아이템을 얻으면 게임을 더 쉽게 진행할 수 있는데 이런 아이템이 나올 확률은 매우 낮습니다. 사람은 이런 무작위 뽑기에 취약합니다.

유료결제 시스템에 부모 신용카드로 거액을 사용한 청소년이 심심찮게 뉴스에 등장합니다. 트위터나 유튜브만 봐도 '최고 레벨 공략!' '레어 캐릭터 완전 분석!' 같은 게시물에 많은 사람이 모입니다.

사람은 왜 확률형 아이템 뽑기에 빠질까요? 도파민이 특히 많이 분비되는 조건을 기억하나요? 바로 '예상 밖의 기쁜 일이 있을 때'였습니다.

소셜 게임 속 뽑기의 화면 연출은 그 조건을 그대로 충족합니다. '대박일까 꽝일까' 한참 애를 태우다가 꽝인가 싶은 아슬아슬한 순간에 희귀 아이템이 당첨됩니다. 이런 연출은 플레이어에게 '조마조마함'이라는 일종의 스트레스를 줍니다. 스트레스가 크면 클수록 얻기 힘든 아이템이 나왔을 때 도파민이 폭발적으로 분비됩니다.

가격이 결코 싸지 않으므로 결제할 때마다 '꽝이면 어쩌나' 하는 불안도 생깁니다. 뽑기에서 원하는 아이템이 나오지 않으면 결제를 후회했다가도 운 좋게 아이템을 얻으면 지금까지의 손해를 '보상받았다'고 생각합니다.

이는 파친코나 슬롯머신 같은 도박과 흡사한 구조입니다. 실제로 1년 수입을 웃도는 금액을 결제했다가 게임에 대한 흥미가 식은 후에 후회하는 사람이 끊이지 않습니다. 그래도 뽑기에 빠져 있는 동안에는 당첨됐을 때의 도파민을 기대하며 유료결제를 멈출 수가 없습니다. 그것이 소셜 게임에 빠지는 메커니즘입니다.

목적 없이 스마트폰을 만지지 않는다

스마트폰은 설치할 앱을 직접 선택하고 자기가 원하는 대로 설정할 수 있습니다. 인터넷 화면에는 알고리즘으로 자신의 취향을 분석해 추려낸 추천 항목이 표시됩니다. SNS에서는 마음에 안 드는 게시글을 차단하여 보기 싫은 정보를 시야에서 지울 수 있습니다.

스마트폰은 현실에서는 피할 수 없는 '나를 부정하는 세계'와는 정반대의 세계를 제공해줍니다. 돈을 들이면 스트레스 없이 수많은 '좋아요'를 얻을 수 있고 자기긍정감이라는 이름의 도파민도 손쉽게 얻을 수 있습니다.

게임의 유료결제, 인터넷, 약물로 분비되는 도파민은 노력으로 얻어낼 때보다 분비량은 많지만 지속성이 없습니다. 금세 사라져 버립니다.

　SNS 유명인의 게시물은 점점 과격해지는 경향을 보입니다. 같은 흥분을 맛보려면 뇌는 점점 더 강한 자극을 원하니 어찌 보면 당연하겠지요.

　쉽게 얻은 도파민 샤워는 스마트폰을 손에서 놓지 못하게 만들고 나쁜 의존을 형성합니다.

　생활의 도구여야 할 스마트폰이 사람을 도구로 사용하고 있는지도 모릅니다. 생활이 힘들 정도로 게임에서 유료 결제를 하거나 그다지 필요하지 않은데도 SNS 꾸미기 용도로 무언가 구입하고 있다면 나쁜 의존이 형성된 상태입니다.

　일상에 지장을 주는 스마트폰 의존성을 없애려면 어떻게 해야 할까요? 방법은 간단합니다. 스마트폰을 사용하지 않으면 됩니다. 현대사회에서 이 방법은 불가능에 가까울지도 모르겠습니다. 그렇다면 자신에게 맞는 '스마트폰에서 거리를 두는 법'을 생각해봐도 좋겠지요.

　'목적 없이 스마트폰 만지지 않기' '목적을 달성하면 사용 멈추기' '우선 10퍼센트라도 매일 화면 보는 시간 줄이기' 같은 방법도 있습니다. 갑자기 전혀 사용하지 않기는 어려우니 알코올의 음주량 줄이기처럼 스마트폰도 사용 시간 줄이기부터 시작해보면 어떨까요?

- 평소 도파민이 부족한 사람은 끊임없이 자극을 주는 스마트폰에 의존하기 쉽다.
- 노력에 대한 정당한 평가와 칭찬을 받았으면 좋은 의존이 생긴다.
- 당첨 확률이 낮은 게임일수록 의존성은 높아진다.

당신의 마음 그릇은
어떤 구슬로 채워져 있나요?

우리를 기분 좋게 만드는 것들은 일상 깊숙이 들어와 있습니다. 알코올과 인터넷은 손쉽게 도파민을 얻게 해주지요. 하지만 그런 존재는 대체하기 어렵고 특히 나쁜 의존으로 발전하기 쉽습니다. 생활이 나쁜 의존으로만 가득 찬다면 어떻게 될까요? 조금만 어긋나도 매우 위험해질 것입니다.

여러분의 마음에 그릇이 있다고 상상해보세요. 사람마다 크기도 형태도 다릅니다.

마음 그릇은 각자가 의존하며 살아가는 것으로 채워집니다.

결과를 얻기까지 시간은 걸리지만 좋은 의존이 형성되기 쉬운 지식, 교양, 좋은 인간관계는 그릇을 채우는 커다란 구슬입니다. 단단해서 좀처럼 깨지지 않고 오래 갑니다.

이것보다 장벽이 조금 낮지만 나름대로 익히는 데 시간이 걸리는 취미는 작은 구슬입니다. 휴식이나 쉴 곳도 작은 구슬에 해당합니다. 잃어버릴 때도 있지만 그릇을 망가뜨리지는 않습니다.

인터넷이나 기호품, 쇼핑처럼 나쁜 의존이 되기 쉬운 것은 날카로운 유리 조각입니다. 그릇은 채울 수 있지만 잘못 만지면 다치고 상처가 납니다.

마음의 그릇에 우선 큰 구슬을 잔뜩 담고 그다음 작은 구슬을 채운 후, 마지막으로 유리 조각을 넣을 수는 있습니다. 처음부터 유리 파편으로 마음의 그릇을 채우면 그 뒤에 커다란 유리구슬이 들어가지 않습니다.

인간은 아무래도 쉬운 방법을 찾게 되는 동물입니다. 손쉽게 즐거워지고 싶어하지요. 그래도 우리는 이제 유리 조각의 위험성을 압니다. 마음 그릇에서 유리 조각을 꺼낼 수 있다면 무엇으로 다시 채우고 싶은지 한번 생각해보세요.

사람은 마음 그릇이 텅 비면 살아갈 수 없습니다. 날카로운 유리 조각만 들어 있으면 그릇은 조금씩 망가집니다. 유리 조각을 모두 꺼낼 수 없다면 단단하고 커다란 구슬로 유리 조각을 둥글게 만들어 큰 상처를 예방해보세요.

여러분의 마음 그릇을 무엇으로 채워나갈지, 기분 좋은 일을 매일 어떻게 찾을지, 이 책을 읽으면서 그 방법을 발견하기를 바랍니다.

식사

먹는 행복과 생명 유지, 그리고 섭식 장애

당신에게 식사는 어떤 의미입니까? 맛있는 음식을 먹을 때 행복을 느끼나요?

저는 먹는 것을 매우 좋아합니다. 식욕대로 계속 먹으니 배는 나오고 체중은 늘고 아주 곤란하기 짝이 없습니다. 학회용으로 사둔 정장은 아마 오래전에 작아졌겠지요. 그런데도 정작 살을 빼야겠다는 결심이 서지 않는 건 대체 왜인지 모르겠습니다.

속상한 날 먹는 메뉴 정하기

식사의 즐거움은 먹는 것에만 있는 것이 아닙니다. 저는 집에서 직접 음식을 만들어 먹는 편인데 요리하는 과정이 기분 전환도 되고 의외로 재미있습니다.

식재료는 일주일에 한 번 인터넷 마트로 주문합니다. 퇴근하고 집에 돌아오면 냉장고를 열어보고 그 안에 있는 재료로 무엇을 만들어볼까 궁리합니다. 그리고 '이름 없는 요리'를 대충 시작하면 기분이 좋아집니다.

처음 만들어보는 음식일 때는 '여기에 이걸 넣으면 무슨 맛이 날까' 하고 기대하며 이것저것 넣어 새로운 시도를 해봅니다. 재료가 서서히 요리가 되는 과정이 즐겁고 상상한 대로 또는 상상과는 다르게 맛있을 때는 성취감도 꽤 있습니다.

바쁠 때는 무엇보다 간단한 조리법을 씁니다. 과정을 최대한 생략한 요리가 맛있으면 만족감이 배가 됩니다. 요리하는 과정과 완성된 음식을 즐기는 행위에서 비롯되는 자기긍정감이라 할 수 있겠지요.

가끔 울적한 날에는 좋아하는 식재료를 듬뿍 사용해 제 마음대로 '속상한 날 먹는 파스타'를 만듭니다. 여기에는 마늘도 잔뜩 들어갑니다.

정말 속상할 때 냉장고에 있는 재료로 대충 만드는 파스타인데 어째서인지 속상하면 속상할수록 파스타가 더 맛있게 만들어집니다. 만드는 동안 저절로 마음이 가벼워지는 마법의 메뉴입니다. 어지간한 일은 이 파스타로 회복이 가능합니다. 저는 속상한 날 먹는 파스타에도 좋은 의존을 하고 있습니다.

만든 요리를 먹어주는 사람이 있고 "맛있다!" "다음에 또 만들어줘!"라는 말을 들으면 자기긍정감이 더 올라가고 기쁨은 더욱 커지겠지요. 이처럼 많은 사람이 맛있는 음식을 만드는 것, 그리고 먹는 것을 마음의 버팀목으로 삼습니다.

식사가 주는 행복감

왜 사람은 음식을 먹거나 자기가 만든 음식을 다른 사람이 먹어줄 때 기분이 좋아질까요? 비밀은 역시 뇌에 있습니다.

대뇌에는 이성을 관장하는 대뇌피질과 본능을 관장하는 대뇌변연계가 있습니다. 간략하게 표현해서 말하자면 본능을 관장하는 대뇌변연계와 생명유지를 담당하는 뇌간 사이에는 보상 회로가 있습니다.

보상 회로는 생명유지와 연결된 행동을 '기분 좋다!'라고 느끼게 만듭니다. 누군가에게 배우지 않아도 본능적으로 음식을 먹거나 잠을 자고 번식행동을 해서 자손을 늘리게 하지요. 약물 등의 인공적인 자극을 제외하면 '기분이 좋다' '이 자극을 더 받고 싶다'고 느끼는 행동은 대부분 '생명유지'와 직결됩니다.

맛있는 음식이 주는 행복

야생에서 사는 동물의 생활 환경은 원하면 언제든 편의점에서 먹거리를 구하는 현대인의 상황과는 많이 다릅니다. '밥을 먹으면 배가 부르고 행복해진다'는 성공 체험을 획득하기 위해 배고픔을 인내하고 사냥감을 찾아야 합니다.

도파민은 의욕을 불러일으킵니다. 뇌는 인내와 참을성이라는 괴로움 끝에 도파민을 얻는 성공 체험을 많이 할수록 괴로움을 더 오래 참을 수 있습니다. 금방 결과가 나오지 않는 일에도 끈기 있게 임하기 위해서는 꼭 필요한 경험입니다.

'인내해야 할 것'을 착각하면 오히려 위험해집니다. 특히 음식은 너무 많이 먹어도, 너무 먹지 않아도 문제가 발생합니다. 대체 무슨 이야기일까요?

다이어트는 식사 제한보다
생활방식을 바꾸는 것

한동안 이어진 실내생활과 재택근무, 바깥 활동이 없으니 칼로리 소모량이 확 줄어서 살이 쪘다고 느끼는 직장인이 있었습니다. 집에서는 회사에서와 달리 아무 때나 먹고 싶을 때 먹을 수 있으니까요. 스트레스를 받으면 마음껏 과자를 먹으며 마음을 달랬습니다.

집에서 유튜브 운동 영상을 따라해보거나 피트니스 게임을 해보는 등 여러 가지 시도는 해봤습니다. 헬스장에 등록해서 다닐 때에는 주변 사람 눈을 의식해 힘들어도 최대한 노력했는데 집에서는 그 한계치에 한참 이르기도 전에 '아, 힘들어!' 하고 멈춰버립니다.

지금까지 헐렁했던 옷이 어느새 몸에 꽉 끼게 되었습니다. '내가 봐도 이건 안 되겠다!' 하고 한참 옷장을 뒤져 간신히 맞는 옷을 찾다가 다이어트를 결심했습니다.

다이어트라고 하면 대부분 식사 제한을 떠올립니다. 인류는 오랫동안 언제 사냥에 성공할지 알 수 없는 환경에서 살아왔기에 어느 정도 절식에 익숙합니다.

식사를 줄이면 우리 몸은 본능적으로 에너지를 절약하는 '에너지 절약 모드'에 돌입하지요. 따라서 식사 제한만으로 살을 빼는 것은 상당히 어렵습니다.

'다이어트'라는 말의 어원은 '생활방식'이라는 의미의 그리스어 '디아이타diaita'입니다. 살을 빼기 위해서는 말 그대로 생활을 바꿔야 합니다. 어원이 그렇다 해도 우리에게 가장 익숙한 다이어트는 식사 제한이겠지요.

우선 저녁 식사량을 줄였습니다. 그러자 침대에 누울 때쯤 배가 고파졌습니다. 예전 같으면 뭔가 먹고 잤을지도 모르지만 지금은 다이어트 중입니다. 야식을 먹지 않고 잠을 청합니다.

아침에는 엄청난 공복감에 평소보다 일찍 눈이 떠집니다. 며칠 만에 몸무게가 1킬로그램 줄었습니다. '배고픔을 참으면 몸무게가 줄어든다'라는 성공 체험으로 기분이 좋아지고 다이어트를 지속하려는 의욕이 샘솟습니다.

쭉쭉 줄어들던 몸무게도 어느 정도에 이르자 변화가 없습니다. 이른바 '정체기'가 왔습니다. '이토록 열심히 참는데 왜 몸무게가 줄지 않을까' 정체기에 접어드니 다이어트에 대한 마음이 꺾일 것만 같습니다.

여기서 취할 수 있는 몇 가지 선택지가 있습니다.

1 다이어트를 일단 포기한다. 외출이 많아지는 시기가 오면 운동을 시작하기로 마음먹는다.
2 현재 식사량을 조금 더 유지해본다.
3 현재 식사량을 유지하면서 운동을 시작한다.
4 지금보다 식사량을 더 줄이고 배고픔을 참는다.

'다이어트를 일단 포기한다'는 저도 자주 선택하는 항목입니다. 먹으면 확실히 기분이 좋아지니까요. 요즘엔 바깥 활동을 자제하느라 스트레스가 쌓인다는 핑곗거리도 있습니다.

사실 인류는 이렇게 먹거리가 풍부한 환경에 익숙지 않습니다. 인간의 생존 본능을 고려하면 이런 환경에서는 당연히 살이 찝니다. 이것도 저의 변명이겠죠.

현재 식사량을 조금 더 유지하는 방법은 꽤 인내를 요구하는 선택입니다. 거듭 언급했듯이 인간은 노력한 만큼 결과가 나오는 일이라면 그럭저럭 견딜 수 있습니다. 하지만 언제까지 노력해야 보상을 얻는지 모르는 상황에서는 인내하기 어렵습니다. '작심삼일'이라는 말이 있지요. 다이어트로 말하자면 뇌가 식사 제한을 해도 몸무게가 줄어들지 않는 상황에 질려 의욕을 잃어버린 것입니다.

이때는 뇌를 속이기 위해 '치팅 데이'가 효과적일 수 있습니다. 치팅 데이란 그날만큼은 식사 제한을 없애거나 완화하는 날입니다. 치팅 데이를 정해놓으면 '맛있는 것을 마음껏 먹을 수 있을 때까지 열심히 다이어트를 해야지'라는 단기 목표가 생깁니다. 또 평소보다 많은 칼로리를 섭취하면 몸이 '에너지 절약 모드'에 들어가는 것을 방지할 수 있습니다.

총 섭취 칼로리가 소비 칼로리보다 적은 생활을 지속하면 몸무게는 줄어듭니다. 치팅 데이를 설정해서 식사 제한을 꾸준히 이어가면 장기적 관점에서 도움이 되겠지요.

식사량을 똑같이 하면서 운동을 시작한다면 운동이라는 변화가 있기에 같은 행동을 반복해도 결과가 나오지 않는 상태보다 인내력을 유지하기가 더 쉽습니다. 실제로 몸무게를 줄이는 데가장 추천할 만한 방법입니다. 근력운동이나 유산소운동을 하면 세로토닌과 테스토스테론이 분비되어 기분이 좋아집니다. 근력운동은 몸에 근육이 생기는 등 결과가 눈에 보이므로 의욕이쉽게 유지됩니다.

식사량을 지금보다 줄이고 배고픔을 참는 방법을 선택하면 지금의 정체기는 빠져나올 수 있겠지요. 그러나 그다음 정체기에 또힘들어집니다.

기본적으로 우리 몸은 언제 식사할 수 있을지 모르는 상태로설정되어 있습니다.

음식은 체내에서 에너지원으로 소비됩니다. 음식이 충분히 들어오지 않는 상태가 오래 지속되면 우리 몸은 에너지 절약 모드에 돌입합니다. 소비 칼로리를 줄이고 혈당을 올리는 호르몬을 내보냅니다. 에너지가 방전되는 상황을 예방하려는 것이지요.

이때 혈당량을 증가시키는 글루카곤, 스트레스 호르몬 코르티솔, 성장호르몬, 도파민·노르아드레날린·아드레날린 등의 총칭인 카테콜아민처럼 여러 종류의 호르몬이 관여해 우리 신체의 균형을 잡아줍니다.

생명체에게 공복은 죽음과 직결되는 상황입니다. 움직일 수 없으면 먹이를 얻지 못해서 죽고 맙니다. 그러므로 공복 상태에서도 한계치까지 움직여 먹이를 찾을 수 있도록 뇌에서는 도파민을 내보냅니다.

이토록 궁지에 몰린 상태에서도 먹지 않는 선택을 멈추지 못하는 것이 '섭식 장애'입니다. 섭식 장애에는 먹지 않는 거식증, 너무 많이 먹는 과식증 등이 있습니다. 어느 쪽이든 결국 '먹는다'는 행위를 수행하는 데 어려움을 겪습니다.

섭식 장애는 전문가의 도움이 필요

음식을 먹지 않는 굶주림 상태가 계속되면 어느 날 끈이 툭 끊어지듯이 엄청나게 많은 양을 먹는 폭식 현상이 나타납니다. 이때 아슬아슬한 지경까지 몰린 뇌에서는 대량의 도파민이 나와 보상 회로가 비정상적으로 활발해집니다. 이와 동시에 뇌 안의 마약 물질인 오피오이드가 대량 분비됩니다.

도파민이 의욕을 일으키는 호르몬이라면, 오피오이드는 쾌감 상태로 만드는 호르몬입니다. 폭식을 체험한 뇌는 같은 행동을 계속 반복하려고 합니다.

섭식 장애에 대해서는 지금도 다양한 연구가 진행되고 있습니다. 현재로서는 보상 회로와 관련이 있으며 강박성·충동성 제어에 이상이 생긴 상태 등 여러 요인이 복잡하게 얽혀 있다는 정도만 밝혀졌습니다.

섭식 장애를 겪는 사람의 행동은 결코 살을 빼서 인기를 얻거나 주변의 관심을 받고 싶다는 단순한 이유에서 비롯되지 않습니다. 복잡하고 난해한 뇌의 문제로 본인의 의지나 타인의 조언으로는 제어할 수 없는 경우가 대부분입니다.

섭식 장애는 약물 의존과 마찬가지로 스스로 조절할 수 없습니다. 지금 섭식 장애로 힘들어하고 있다면 한시라도 빨리 전문 의료기관에서 상담하기 바랍니다. 또 섭식 장애가 아닐까 짐작가는 지인이 있다면 의료기관을 방문하도록 권해주세요. 그 방법밖에 없습니다.

섭식 장애는 치사율이 6~20퍼센트에 이르는 매우 위험한 질병입니다. 환자는 '먹는다'는 행위가 어려워졌다는 것에 혼란스러워합니다. 스스로는 행동을 제어하지 못하고 몸과 마음이 피폐해져 일상생활을 할 수 없습니다.

특히 성실한 완벽주의자나 자기긍정감이 낮은 사람이 다이어트를 할 때 섭식 장애 상태에 이르기도 합니다. 식사도 늘 '적당히!'가 중요합니다.

- 요리를 하면 성취감이 생기고 자기긍정감이 높아진다.
- 사람은 식사처럼 생명유지와 연결된 행동을 하면 기분이 좋아진다.
- 먹는 것을 참으면 섭식 장애로 진행될 수 있으니 주의한다.

자원봉사

남을 위한 일이 주는 행복

'자원봉사'라 하면 어떤 이미지가 떠오르나요? 좋은 사람이라고 평가받으려는 위선적인 행동, 아니면 입학이나 취업용 소재 거리를 떠올리는 사람도 있겠지요. 그러나 실제로 자원봉사라는 이타적인 행동은 우리 뇌에서 신경전달물질을 분비시켜 '행복'을 느끼게 합니다.

자신과 타인에게 도움이 되는 일, 자원봉사에 좋은 의존이 형성되면 삶이 행복해집니다.

행복을 느끼는 세 가지 상태

사람은 왜 '다른 사람에게 도움이 되는 일'을 할 때 행복을 느낄까요. 인간은 다음과 같은 상태일 때 행복을 느낀다는 사실이 다수의 연구에서 밝혀졌습니다.

1 목표를 달성했을 때 → 도파민
2 다른 사람과 유대감을 느낄 때 → 옥시토신
3 타인에게 필요 이상으로 행동을 제한받지 않을 때

자원봉사는 이러한 세 가지 요소를 비교적 충족합니다.

우선 1번, 목표를 달성했을 때를 살펴볼까요. 자원봉사의 활동 목표는 대체로 명확합니다. 종료 시에는 목표가 달성됩니다. 흐지 부지 끝나는 경우는 거의 없습니다. '지원 대상처 모두를 완벽하게 개선하자!' 같은 목표는 자원봉사의 범위를 넘어서는 것이겠 지요. '제한된 시간'과 그 시간에 '할 일'이 명확하게 정해진 자원 봉사가 대부분 입니다.

자원봉사가 주는 유익 중 유대감에는 새로운 신경전달물질, 호 르몬이 등장합니다. 남을 위한 행동이 나를 행복하게 만드는 이 유에 대한 힌트가 여기에 있습니다. 사람은 집단 안에서 안정감 을 느낄 때 옥시토신이라는 신경전달물질이 분비됩니다.

도파민은 흥분을 유발하지만 옥시토신은 정신적 안정 상태를 만듭니다. 봉사 활동은 대체로 자원봉사 단체에 소속되어 진행합니다. 이때 소속감과 동료의 존재가 옥시토신을 분비시킵니다. 소속 단체 없이 혼자 활동하는 자원봉사라도 지원 대상자와의 유대가 구축됨으로써 옥시토신이 분비되지요.

타인에게 공감하고 타인을 위해 행동하면 뇌에서는 옥시토신 분비량이 증가합니다. 결과적으로 인간의 뇌는 타인을 위한 행동으로 자기 정신의 안정을 얻을 수 있습니다.

진심에서 우러나오는 이타적 행동은 도파민이 유발하는 흥분의 기쁨과는 다르게 마음에 위안을 가져옵니다. 이런 심적 효과는 도파민에 의해 얻어진 행복보다 더 오래 지속됩니다. 그래서 다시 자극을 얻기 위해 행동하는 빈도가 더 낮아지는 것이지요.

마지막으로 자원봉사에서 자발성은 매우 중요한 항목입니다. 자원봉사는 말 그대로 자기 의지로, 즉 자주적으로 공공성 높은 활동에 참여하는 것입니다. 자기가 원치도 않는 일을 타인이 시켜서 한다면 진정한 자원봉사가 아닙니다.

자원봉사자도 보수를 받을 수 있습니다. 간혹 해외에서는 무보수 자원봉사라도 일반적으로 식비와 숙박비를 제공합니다. 보수가 있든 없든 원치도 않으면서 단지 '자기소개서 항목 채우기'를 위해 일을 한다면 봉사 활동으로 얻는 행복을 누릴 수 없습니다. 자원봉사로 얻는 행복은 어디까지나 자기가 하고 싶은 일을 스스로 선택해 자신이 원하는 타이밍에 했을 때에 한합니다.

어쩔 수 없이 했던 봉사 활동이 힘들기만 했다면 지극히 자연스러운 현상입니다. 주변의 평판 때문에 마치 원해서 또는 흥미롭게 하는 척하다가 실제로 활동 중에 관점이 달라지는 일도 있습니다. 이런 변화는 전혀 부끄러운 일이 아닙니다. 그때는 '자원봉사가 즐겁다'라는 자기 마음을 솔직하게 인정해도 됩니다. 그리고 자신에게 잘 맞는 활동을 찾아 좋은 의존을 만들어갈 수도 있겠지요.

자원봉사에 대한 좋은 의존 효과는 도파민과 옥시토신 외에 또 있습니다. 반드시는 아니지만, 도움받은 사람으로부터 감사함을 전달받는다는 것입니다. 요즘 같은 시대에 타인에게 진심 어린 감사 인사를 받을 기회는 드물지요. 자원봉사는 그 기회의 가능성을 높이는 행동이기도 합니다.

타인과 비교하는 행복은 지속성이 떨어진다

행복을 느끼는 방법은 다양합니다. 좋은 의존으로 행복한 인생을 사는 것이 우리의 목표이기에 행복의 종류도 살펴봐야겠지요. 행복에는 두 가지 종류가 있습니다.

1 타인과 비교하여 느끼는 행복

2 타인과는 관계없이 느끼는 행복

타인과 비교하여 느끼는 행복은 구체적으로 '연봉이 높다', '저축액이 많다', '다른 사람은 원해도 못 가지는 명품이 많다', '사회적 지위가 높다' 등에서 오는 행복입니다.

연봉은 누군가와 비교하지 않으면 '높다' '낮다'로 판단할 수 없습니다. 이 세상에서 나만 월급을 받는다면 높고 낮음을 판단할 수 없겠지요. 이때는 '월급을 받는 유일한 사람'이라는 점으로 행복을 느낄지 모르겠지만 이는 또 다른 이야기입니다.

저축액도 마찬가지입니다. 많고 적음은 어디까지나 '비교'로 판단합니다. '나이별 평균 저축액!' 같은 특집을 인터넷에서 보고 '아, 내 저축액은 평균보다 높구나(또는 낮구나)'라며 안심하거나 불안해합니다.

명품 등 이른바 희소 아이템도 희소한지 아닌지는 타인이 소유하는 비율로 결정됩니다. 사회적 지위도 무인도에 홀로 있다면 아무런 가치가 없겠지요. 비교 대상이 존재함으로써 느껴지는 우월감이 일종의 행복임은 분명합니다.

타인과 관계없이 느끼는 행복은 건강, 애정, 자유, 안전보장, 사회집단의 일원이라는 소속감, 이타적 행동에서 오는 만족감 등 언뜻 보기에 이해하기 어렵고 추상적인 것에서 비롯됩니다.

최우선은 건강입니다. 아프기 전까지는 고마움을 깨닫기 어렵지요. 꼭 본인이 아니라도 가족 누군가의 건강이 무너졌을 때 '건강함'이라는 행복을 깨닫습니다. 저는 편도선이 자주 부어서 수술로 편도선을 떼어냈습니다. 전에는 한 달에 한 번꼴로 고열에 시달렸는데 지금은 건강해져서 무척 행복합니다.

애정은 일상 곳곳에 있습니다. 좋아하는 연예인을 향한 적당한 애정은 삶에 활력을 줍니다. 반려동물이나 식물은 물론이고 판타지 세계에 존재하는 대상에도 애정을 느끼며 충분히 행복해질 수 있습니다.

자유와 안전은 과거에 자유롭지 못한 경험을 한 사람일수록 그 가치를 깨닫습니다. 이때 포인트는 타인과의 비교를 통한 자유와 안전이 아니라는 데 있습니다.

사회집단의 일원이라는 자각은 소속감에서 생기는 편안한 마음입니다. 무리를 짓지 않으면 살아갈 수 없는 인간은 본능적으로 집단에 소속하고자 합니다. 이 본능은 집단 내 지위와는 관계가 없습니다.

집단 괴롭힘이나 갑질을 당하면서도 '이 집단에서 빠져나가야겠다'고 즉시 결심하지 못하는 이유입니다. 자유와 안전을 보장받지 않아도 집단의 일원이라는 데서 얻는 안심감이 우위에 있는 동안에는 아무리 심신이 피폐해져도 집단에 남아 있으려고 합니다. 그야말로 나쁜 의존이라는 감이 오나요? 나쁜 의존에서 빠져나오려면 용기가 필요합니다. 빨리 나올수록 회복도 빨라집니다. 마음에 짚이는 부분이 있다면 꼭 한번 고려해보세요.

두 가지 행복의 차이점은 무엇일까요? 핵심은 '타인과 비교하느냐 하지 않느냐'입니다. 상대적인 행복은 어디까지나 타인과의 비교를 대전제로 하므로 행복을 느끼려면 반드시 비교 대상이 필요합니다.

월급이 230만 원 정도에 저축한 돈이 2,300만 원인 직장인이 있습니다. 동기 중에서 일찍 출세한 편입니다. 비교 상대인 소꿉친구는 월급 180만 원에 모아둔 돈이 없습니다. 직장에서 출세와는 인연이 없습니다. 월급이 더 많고 모은 돈이 있는 친구는 '내 상황이 더 낫네' 하고 안심감을 느낄지도 모릅니다.

어느 날 갑자기 소꿉친구가 이직에 성공해서 월급이 300만 원이 되거나 임원직을 맡게 된다면 어떨까요? 유산을 상속받거나 10억 원 복권에 당첨이 될 수도 있겠지요. 타인과 비교하는 행복이 삶의 기준이 되면 누구나 한순간에 불행해집니다.

당장 월급이 줄어든 것도 아니고 모아놓은 돈이 사라진 것도 아닙니다. 직장에서 좌천된 것도 아닌데 비교 대상의 상태가 달라졌다고 불행을 느껴야 할까요?

절대적인 행복은 한순간에 잃어버릴 위험이 없습니다.

예를 들어 건강하며 애정을 쏟는 상대가 있고 자기 생각을 자유롭게 표현하는 집단의 구성원이 있습니다. 이때 비교 상대인 다른 동료는 원래 어딘가 아픈 상황이라고 해보지요. 아픈 사람이 건강해져서 사랑하는 사람이 생기고 자유로운 환경으로 이동해도 자신의 행복에는 전혀 변화가 없습니다. 예를 들어 동료의 연인이 자신의 연인보다 훌륭하다는 관점은 타인과 비교해서 느끼는 행복입니다. 타인과 무관하게 느끼는 행복이 아닙니다.

타인과 비교하는 행복은 어떤 의미에서는 이해하기 쉽고 동경하기 쉽습니다. 돈을 모아서 얻는 성취감은 단기간일 때는 좋은 의존 대상이 될 수 있습니다. 장기적으로 돈 모으기에만 열중하면 중요한 것을 희생하고 있어도 스스로 알아차리기가 어려워집니다.

'지속 가능한 좋은 의존을 여러 개 만들어 삶의 버팀목으로 삼자'고 주장하는 상대적 행복을 부정하는 것이 아닙니다.

타인과 비교하는 상대적 행복과 타인과 무관한 절대적 행복의 원리를 이해하고 두 가지 행복을 적절하게 누리기를 바랍니다.

남을 위한 행동도 자기만족감을 준다

자원봉사처럼 남을 돕는 행동은 그 혜택이 눈에 보이지 않으므로 자기만족이라고 생각하는 사람도 있습니다.

반대로 한번 생각해볼까요? 세상에 자기만족이 아닌 행동이 과연 얼마나 될까요?

의사는 환자의 회복을 위해 이타적 행동을 합니다. 퇴근 후 담당 환자의 상태가 갑자기 악화됐을 때가 그렇습니다. 일반 회사라면 근무시간이 아니라며 거절할 수도 있습니다. 24시간 대응이 필요한 업무라면 그 시간에 근무하는 직원에게 내용을 전달하고 끝나겠지요.

늘 그렇지는 않지만 근무시간 외에도 주치의 진찰이 필요하다고 판단되면 의사들은 대부분 주저 없이 대응합니다. 초과 근무 수당이 나오지 않아도 '내 환자다'라며 늦게까지 진료를 보는 의사도 많습니다.

저를 비롯한 대부분의 의사들은 물리적 보수보다 "주치의의 적절한 대응으로 환자가 안정을 취했다"는 한 마디에 힘을 얻습니다. 다른 사람이 '위선자' '자기만족'이라고 평가해도 저는 개의치 않습니다. 그것은 타인의 감상이며 제 기분은 타인의 감상에 좌우되는 것이 아니기 때문입니다.

자원봉사나 돈이 되지 않는 일 따위는 한심하다고 느끼는 사람도 있으리라 생각합니다. 다만, 이 이타적 행위로 얻는 감정이 의사로서의 제 인생을 지탱하고 있는 것은 사실입니다. 옥스퍼드 대학교 의학 교육과정에 있는 '의사의 직업의식'에도 이타심이 포함되어 있습니다.

저는 이 감정에 좋은 의존을 하고 있습니다. 아마 다른 의료 관계자도 저와 비슷하게 일할 의욕을 얻지 않을까 생각합니다.

도가 지나친 이타적 행위는 건강을 해칩니다. 힘들지 않은 범위 내에서 한다는 대전제를 잊어서는 안 되겠지요.

이런 이타심과 가장 가까운 행위가 바로 자원봉사입니다. 물론 자원봉사에 한정할 필요는 전혀 없습니다. 스스로 곤란해지지 않는 범위 내에서 누군가에게 도움이 되는 행동이라면 뭐든 좋습니다.

나를 힘들게 하는 이타성은 버리자

이타적 행위를 하려면 공감 능력이 필요합니다. 공감하는 마음이 없으면 상대의 고충을 인식할 수 없습니다.

상대가 느끼는 괴로운 정도가 심각할 때 이런 공감이 종종 과해지는 사람들이 있습니다. '그 사람(들)은 그토록 힘든데 난 풍요롭게 지낸다'고 생각하면서 잘못된 죄책감에 사로잡힙니다. 큰

재해, 전쟁 등이 발생하면 특히 이런 사람이 늘어납니다.

안타깝게도 공감 능력이 많은 사람은 사기꾼에게 좋은 먹잇감이 됩니다. 이 죄책감을 털어내고 싶은 충동에 휩싸여 기부금 사기를 당하기도 합니다. 강한 죄책감은 뇌의 감정 회로와 보상 회로 시스템 오류로 발생한다는 것이 최근 연구에서 밝혀졌습니다.

죄책감으로 괴로울 때는 뇌가 혼란스러운 상태이기 때문이라고 죄책감을 뇌의 탓으로 돌려보세요. 잘못된 죄책감에 휘둘리지 않는 삶의 기술입니다.

- 다른 사람과 유대감을 느끼거나 이타적인 행동을 하면 행복을 느끼는 호르몬이 나온다.
- 타인과 비교하지 않는 행복이 클수록 행복을 유지하기 쉽다.
- 자기 몸과 마음을 망가뜨릴 정도의 이타적 행동은 피한다.

쇼핑과 의존

기분 전환을 위한 건강한 소비

여러분은 쇼핑을 좋아합니까? 편의점에서 좋아하는 간식류의 신제품을 살 때, 갖고 싶었던 물건을 할인가로 싸게 살 때 마음이 들뜨지 않나요?

쇼핑이라는 행위는 우리의 마음을 만족시켜줍니다. 조절 가능한 범위에서 좋은 의존을 할 수 있다면 인생의 꽤 든든한 아군인 셈이지요.

쇼핑의 선택권은 자신에게 있습니다. 타인에게 추천받아 구입을 검토한 경우라도 최종적으로 지갑에서 돈을 꺼낼 결심은 나 자신이 합니다.

자기 의사로 선택하고 결정하는 행동은 만족감을 불러옵니다. 원하는 물건을 사려면 대체로 '돈을 버는 고생'이 전제되므로 고

생을 견딘 만큼 도파민도 많이 분비되어 만족감이 생깁니다.

최근에는 후불 결제 서비스도 있어 원하는 것을 사기 위해 참지 않아도 됩니다. 그러다 나중에 갚을 여력이 안 되거나 높은 이율 때문에 곤란해지기도 합니다. 돈을 먼저 사용하고 나중에 버는 방식을 추천할 수 없는 이유는 돈을 버는 수고와 인내 이후에 보상이 없기 때문입니다. 보상이 없는 인내는 멘탈을 쉽게 망가뜨립니다.

쇼핑과 좋은 의존을 이해하고 통제 불가능한 나쁜 의존을 피하는 힌트를 찾아보고자 합니다.

우리는 원하는 것을 얻기 위해 돈을 사용합니다. 돈이 많다는 것은 '주변과 비교함으로써 얻어지는 행복', 즉 오래 유지되기 어려운 행복으로 분류됩니다. 그러나 돈을 어떻게 활용하느냐에 따라 타인과의 비교 없는 행복도 만들 수 있습니다. 돈은 건강이나 좋은 환경처럼 오래 유지되는 행복을 구축하는 데 유용하게 쓰입니다. 그러니 돈을 현명하게 활용하여 쇼핑에 좋은 의존을 형성하면 생활은 한결 윤택해집니다.

인간에게는 배고플 때 음식을 먹으면 도파민이 나오는 것처럼 선천적으로 뇌에 새겨진 반응이 있습니다. 타고난 본능입니다.

생존과 직결되는 본능적 행동 외에도 후천적인 학습으로 어떤 행동을 하면 욕망이 충족되어 도파민이 나온다는 것을 알 수 있습니다. 생명 활동과 관계없이 도파민이 분비되는 행동입니다.

이를테면, 돈을 많이 가지면 원하는 바를 이룰 확률이 높아진다는 것을 후천적으로 학습합니다. 돈이 어떤 것이고 어떻게 도움이 되는지 학습하지 않았다면, 돈을 봐도 '이 종이쪼가리와 쇠붙이는 뭐지?'라고 생각하겠지요. 돈이 많으면 희망사항이 물질적으로 어느 정도 충족된다는 것을 알고 있습니다.

기분 전환을 위한 좋은 의존, 쇼핑

일반 기업에 근무하고 업무 능력이 평범한 직장인이 있습니다. 코로나19 탓에 한동안 재택근무와 사무실 출근을 번갈아 했습니다. 재택근무가 처음 시작됐을 때는 귀찮게 통근을 안 해도 되니 잘됐다 싶었는데 몇 개월이나 이어지자 슬슬 지겨워집니다. 귀찮았던 통근길이 이제는 그립습니다.

재택근무 중에 문득 역 근처 가게에 늘 눈길 가는 제품이 있었다는 사실이 떠오릅니다. 출근길에 수시로 상품 진열을 바꾸는 번화가의 매장들을 보며 유행 변화를 실감했는데 집에만 있으니 세상이 어떻게 변하는지도 알 수 없습니다. '지나가면서 슬쩍 보는 것만으로도 꽤 즐거운 자극이었구나' 하는 생각이 드니 가끔 돌아오는 출근날이 생활의 변화를 즐길 기회가 되었습니다. 평소에는 그냥 지나쳤던 백화점에도 한번 들어가보고 싶은 마음이 솟아났습니다. 백화점에는 직접 요리하기 어려운 반찬부터 다음 시즌 옷, 귀여운 문구류와 식기, '집콕생활'에 딱 맞을 홈웨어로 가득했습니다.

집에서 쓰기 좋아 보이는 담요를 만져보니 생각보다 부드러워 포근함이 느껴집니다. 필요한 물건은 거의 인터넷으로 살 수 있지만 직접 촉감도 느낄 수 있어서 좋다고 생각하는 참에 점원이 다가왔습니다.

점원은 색감이나 사이즈, 촉감이 다른 제품도 있다고 친절히 설명해줍니다. 마음에 드는 담요 하나를 골랐습니다. 점원은 매우 정중한 태도로 담요를 포장해서 상점을 나설 때까지 들어주며 "구입해주셔서 감사합니다" 하고 깍듯하게 인사했습니다.

건강한 소비는 '예산 범위 내에서'

쇼핑이라는 행위는 의외로 다양한 기쁨을 선사합니다. 보드라운 담요를 만졌을 때 순수하게 기분이 좋아졌고 점원이 설명한 담요의 종류는 다양한 선택지와 선택권을 제공합니다. 어느 것을 선택할지 결정할 권한을 얻으면 뇌는 기분이 좋다고 느낍니다. 선택받는 쪽보다 선택하는 쪽일 때 스트레스가 적습니다.

자주 쇼핑을 하지 않는 사람도 생활필수품이 아니라 '즐길 거리'를 구입할 때 만족도가 높아집니다. 스트레스를 많이 받았을 때, 먹을 것으로 따지자면 디저트에 해당하는 소비 활동을 하면 만족감이 더욱 커집니다.

쥐를 이용한 연구에서는 마실 물을 제한한 쥐에게 물을 주면 평소 물을 마실 때는 나오지 않던 '베타 엔돌핀'이라는 행복감과 쾌감을 느끼게 하는 뇌 내 물질의 혈중 농도가 올라갔습니다. 스트레스를 느낄 때 기분이 좋아지는 행동을 하면 평소보다 효과가 더 크게 나타나는 이유입니다.

점원의 정중한 접객은 평소 회사에서는 좀처럼 얻기 힘든 느낌, '나를 소중하게 대해준다!'라는 기쁨을 줍니다.

평소에는 하기 어려운 체험을 지갑 사정이 악화되지 않을 정도로 즐긴다면 쇼핑은 기분 전환 수단으로 문제가 없습니다.

절약이 지나치면 빈곤망상이 된다

기분 전환을 위한 쇼핑을 생활에 필수적이지 않은 즐길 거리로 한정한 이유가 있습니다. 쇼핑은 일상의 일탈 행위 외에도 꼭 필요한 것을 구입하는 행위도 포함합니다. 스스로 소중한 존재라고 느낄 만한 환경을 만들기 위해 반드시 해야 할 일 중에 하나입니다.

자신을 돌보는 데 필요한 최소한의 소비는 삶의 질과 직결됩니다. 낡아서 해어진 옷보다 싼 옷이라도 깔끔한 새 옷을 입는 편이 마음을 밝아지게 하겠지요. 또 구멍 난 양말이 삶에 활력을 주는 경우는 없습니다.

너무 쩨쩨해져도, 너무 헤프게 써도 소비에 대해 조절 불가능한 나쁜 의존이 형성될 수 있습니다

경기가 안 좋아지자 언제까지 회사 생활을 할 수 있을지 불안감이 커진 직장인이 있습니다. 저축 금액을 늘리려는 생각에 기분 전환용 온라인 동영상 서비스를 해약했습니다. 이것만으로는 불안해서 평소 애용하던 향 좋은 비누와 세제도 하나씩 싼 것으로 바꿨습니다. 현실의 벽은 높았습니다. 분명히 소비는 줄었지만 100만 원을 더 벌기보다 생활비 10만 원 줄이기가 힘든 것만 같습니다.

어차피 재택근무이니 새 옷을 사기도 아깝고 홈웨어를 새로 장만할 기분도 나지 않습니다. 전기요금·수도요금·가스비 절약에 식료품도 배만 채우면 된다는 식으로 더 싼 제품을 고릅니다.

그는 생활과 직결되는 소비도 점차 줄여나갔습니다.

실제로 종종 있는 일입니다. 소비에 대해 너무 골똘히 생각하다가 조절 능력을 잃어 돈을 아예 쓰지 못하는 사람도 있습니다. 그러다 가족의 권유로 정신건강의학과를 찾아옵니다. 이런 증상은 우울 상태의 빈곤망상과 가깝습니다. 실제로는 파산하지 않았는데 '돈을 사용하면 전부 없어진다' '자신에게는 돈을 사용할 가치가 없다'처럼 현실을 왜곡하여 믿습니다.

이는 결코 남의 일이 아닙니다. 코로나19로 비롯된 환경의 변화는 정신적인 피로를 불러왔습니다. 불면에 시달리고 이유 없는 불안에 휩싸이기도 하지요. 기분이 가라앉아 우울한 상태가 지속된다면 '적응 장애'일 가능성도 있습니다. 비슷한 고민으로 힘들어하는 사람은 의료기관 전문가를 만나는 방법을 적극 추천합니다.

쇼핑을 좋은 의존으로 삼는 몇 가지 포인트를 살펴보겠습니다.

현금을 내고도 살 만한 물건인지 생각하기

어느 평범한 직장인이 퇴근길에 구경 삼아 명품 매장을 들르기로 했습니다. 명품 브랜드라 소품도 꽤 비샀습니다. 가격에 놀란 티를 내지 않으려고 최대한 노력하면서 매장 안을 둘러보고 있는데 점원이 말을 걸었습니다.

"찾으시는 상품이 있나요?"

점원의 접객 태도 또한 격이 달랐습니다. 정체 모를 압박감 때문인지 그냥 보러왔다고 말하기가 어려웠습니다.

"가죽 소품을 보고 싶은데요."

"이쪽에 있습니다."

가격이 꽤 높았지만 조금 무리하면 구매할 수 있을 것 같았습니다. 점원이 보여준 여러 상품 중에서 하나를 골랐습니다. 카드로 결제하는 동안 다른 점원이 장갑을 끼고 진열 상품이 아닌 새 상품을 그에게 가져다주었습니다. 무엇을 확인해야 하는지도 모른 채 점원이 보여주는 대로 대충 확인을 마쳤습니다. 그러자 점원은 그 가죽 소품을 놀랄 만큼 견고한 상자에 넣고 포장했습니다. 반듯한 명품 쇼핑백에 담긴 가죽 소품을 점원이 매장 앞까지 들어주며 정중히 배웅했을 때 가슴이 무척 두근거렸습니다.

거금을 썼다, 드디어 저 브랜드 제품을 샀다, 말로만 듣던 쇼핑백을 실물로 보니 더 예쁘다, 다양한 흥분이 마음을 뒤덮었지만 싫지 않았습니다. 출근할 때 쓸 생각을 하니 설렜습니다.

제품의 완성도가 높은 점을 감안하면 명품 가격이 비싼 것도 이해됩니다. 그러나 그 제품을 원하는 이유가 모호하면 지불한 금액에 비해 쇼핑의 만족도가 떨어집니다. 예를 들어 다른 사람, 특히 '유명인이 가지고 있어서'가 구매의 동기가 되면 물건에 대한 애착은 금세 사라집니다.

유행은 빠르게 변합니다. 유명인과 같은 속도로 유행을 좇아 살려면 파산하기 쉽습니다. 유명인을 향한 애정 때문에 같은 물건을 소유한 자체로 행복을 느낄 수도 있겠지요. 이런 행복은 오래가지 않습니다. 애정이 식으면 그 행복은 사라집니다.

스스로 갖고 싶어서 구입한 물건이라면 사용할 때마다 기분이 좋습니다. 살까 말까 고민한 시간마저 좋은 추억입니다. 한편 순간의 기분으로 분위기에 휩쓸린 쇼핑은 자칫 후회로 이어집니다. 그러면 오래전부터 갖고 싶었던 아이템을 순간의 기분으로 산 경우에는 어떨까요? 이를 좋은 계기로 여길지 말지는 그 사람이 생각하기 나름이 아닐까 싶네요.

쇼핑에서는 결제 방법에도 주목할 필요가 있습니다. 요즘은 현금 없는 캐시리스 결제가 확산되고 있습니다. 신용카드 결제는 이미 구식에 속하는지도 모릅니다.

캐시리스 결제 방식은 '얼마나 돈을 지불했는지' 실감하기가 어려워 자기 조절 능력을 잃기 쉬운 단점이 있습니다. 휴대폰 화면으로 사용금액을 확인할 수는 있지만 '실물 현금'과 '실체가 없는 숫자'를 비교하면 아무래도 차이가 납니다.

스마트폰 게임의 유료결제도 버튼 클릭만으로 대부분의 결제가 완료됩니다. 캐시리스 결제를 할 때는 '만약 지금 현금으로 내야 한다면 지갑에서 그 돈을 아무렇지 않게 꺼낼 수 있을까'를 생각해볼 필요가 있습니다.

명품 쇼핑은 상품을 구매하는 과정에도 특별함이 있습니다. 점원의 접객 태도는 일상에서 쉽게 접할 수 없는 자극으로 도파민을 분비시킵니다.

물건을 살 때는 소비의 목적이 '물건'인지 '사는 행위'인지 곰곰이 생각해보세요. 당연히 물건이 필요하니까 사는 것이라고 생각할지 모르지만, 소비 행위 자체가 목적이 될 때도 있습니다. 물론 경제적 능력 범위 안에서라면 문제가 안 됩니다.

식비·의류비·의료비 등 정말로 필요한 것에 쓰는 돈을 극도로 제한하면서 명품을 구입한다면 어떨까요? 몸과 마음을 망가뜨리는 일입니다. 카드 한도액을 넘기거나 현금서비스, 리볼빙 서비스 등으로 원하는 것을 얻으려 한다면 쇼핑이 생활에 지장을 초래하는 나쁜 의존 상태입니다.

쇼핑에 좋은 의존을 하는 요령은 '자기관리하에서 자기가 결정한다'는 전제를 지키는 것입니다. 정말로 갖고 싶은 것을 경제적으로 무리하지 않고 스스로 골라서 기분 좋게 쇼핑하는 게 가장 좋습니다.

- 스스로 선택해서 구매하는 행동은 만족감으로 연결된다.
- 정중한 태도로 귀빈 대접을 받으면 정신적으로 위안을 얻는다.
- 기분 전환을 위한 쇼핑은 감당할 수 있는 예산 범위 내에서 한다.
- 필요한 것을 사지 못한다면 절약에 의한 나쁜 의존이 형성된 상태다.
- 현금으로 내도 기꺼이 그 돈을 내고 살지 따져본다.

04

얻을 건 얻고 버릴 건 버리는
슬기로운 멘탈 관리

의존 응용력 기르기

좋은 의존, 나쁜 의존 인정하기

지금 내 마음의 안식처는?

좋은 의존, 나쁜 의존, 그리고 의료의 도움
이 필요한 의존증 사이의 차이점과 이런 의존이 발생하는 구조
를 어느 정도 이해했으리라 생각합니다. 스스로 깨닫지 못하는 사
이에 우리는 좋은 의존을 하기도 하고, 나쁜 의존의 대상이 되기
도 합니다.

아마도 마음 한구석 어딘가 짚이는 데가 있는 사람도 있겠지
요. '내가 누군가의 좋은 의존 대상이었구나' 혹은 '나쁜 의존 대
상이었구나' 하고 느끼는 바가 있을지도 모릅니다.

우리는 의존하지 않고는 살아갈 수 없는 존재입니다. 의존이란
행위 자체는 매우 자연스러운 현상이지요. 도가 지나치면 모두
가 힘들어지는 상황이 생기고 때로는 의존증이라는 질병으로 발

전하게 됩니다.

　이제 어떻게 의존 멘탈을 슬기롭게 활용해나갈지 이야기해보려고 합니다.

나쁜 의존에서 멀어지기

　타인이 자신에게 나쁜 의존을 하고 있다고 느낀다면 그 마음을 거부해도 된다고 이미 말했습니다. 이 글을 읽는 독자 가운데는 현재의 괴로움이 타인의 나쁜 의존 때문임을 깨닫게 된 사람도 있을 것입니다. '그 사람이 내게 나쁜 의존을 해서 괴로운 거였어' 하고 과거의 힘든 순간을 떠올리는 사람도 있을지 모릅니다. 다른 사람의 나쁜 의존에 휘둘리는 것은 이처럼 괴롭고 힘든 일입니다.

　반대로 자신이 다른 누군가의 에너지를 빼앗고 있는데도 그만두지 못하는 상태, 타인에게 나쁜 의존을 하고 있다고 자각한 분도 있겠지요. 혹시 그렇다면 그 의존에서 거리를 두려고 노력해보세요. 아주 조금씩이라도 좋습니다. 눈을 돌려 다른 좋은 의존을 발견하는 기회를 만들어보세요. 지금 당장은 그 의존 덕분에 삶이 편하다고 느낄지 몰라도 그 관계가 영원히 지속된다는 보장은 어디에도 없습니다. 당신의 의존을 받아주고 참아주는 그 사람과의 인연이 당장 끊어지면 당신의 생활은 한순간에 무너져버립니다.

타인을 향한 나쁜 의존에서 멀어지는 것은 상대방보다 나를 위한 일입니다. 그렇다면 어떻게 해야 나쁜 의존을 하지 않고 적당한 거리감으로 잘 지낼 수 있을까요? 쉽고도 효과가 확실한 요령이 한 가지 있습니다. 자신이 누군가에게 기대고 싶을 때는 상대방이 내게 그렇게 했을 때 내가 어떻게 느낄지 먼저 생각해보는 것입니다. 입장을 바꿔서 생각해본 후에 거부감이 들지 않는 범위 내에서 의존합니다.

일방적 착취는 당하는 입장에서는 싫지만 착취하는 입장에서는 상대방의 기분을 고려한다는 발상 자체를 하기 어렵습니다. 스스로 조절하지 못하는 나쁜 의존이지요. 나쁜 의존은 직장이나 연애, 가족 등 어떤 인간관계에서든 일어날 수 있으므로 찬찬히 관계를 돌아보는 시간을 갖는 게 좋습니다. 상대방도 분명한 의사를 가진 인격체임을 마음속 깊이 새겨주세요.

내가 좋아하는 것 적어보기

다른 사람의 기분을 헤아리는 데 서툴거나 그런 과정이 복잡하고 힘들게 느껴진다면 좋은 의존의 대상을 '다른 존재'에서 찾아봐도 좋습니다. 좋은 의존을 만들어 의도적으로 삶에 활용하면 삶의 난이도가 확연히 달라질 테지요.

핵심을 한 번 더 짚어볼까요?

- 좋은 의존은 자기 몸과 마음을 망가뜨리지도, 사회적 문제를 발생시키지도 않으며 스스로 조절이 가능하다.
- 여러 곳에 좋은 의존을 하면 하나의 의존 대상에 문제가 생겨도 다른 대상으로 전환할 수 있다.
- 나쁜 의존은 자신의 제어 능력을 벗어난 상태다. 나쁜 의존을 하는 것도, 나쁜 의존의 대상이 되는 것도 부정적인 결과를 초래한다. 의식적으로 나쁜 의존과 거리를 둔다.
- 의존증일 때는 의료기관이나 자조모임의 도움을 받는다.
- 자기에게는 좋은 의존이라도 상대에게는 나쁜 의존일지도 모른다는 것을 염두에 둔다.
- 끊어질 인연을 무리하게 이어가려고 애써봐야 괴로울 뿐이다. 영원한 인연은 없다고 생각하며 담담히 받아들이는 연습을 한다.

이제 본격적으로 당신에게 무엇이 좋은 의존인지 하나씩 살펴보겠습니다.

당신은 어떤 것을 좋아하나요?

음악 듣기, 미술관 관람, 그림 그리기, 책 읽기, 영화 보기 가운데 고를 수도 있겠죠.

당신은 어떤 사람인가요?

'당신의 취미는 무엇입니까?'라는 질문과 마찬가지로 금방 대답하기 어려운 질문입니다. 사회는 우리에게 좀처럼 이런 질문을 하지 않으니까요. SNS용이나 취업활동용으로 만들어진 자신을 완전히 배제하고, 지금 있는 그대로의 자신을 마주해보세요. 눈을 돌리지 말고 정면에서 나 자신을 솔직하게 바라보는 시간을 가져봅니다.

'이런 걸 좋아한다고 말하기는 좀 부끄러운데'라며 자기가 좋아하는 것을 부정하지 마세요. 다른 누군가에게 보여줄 것도 아니므로 마음이 가는 대로 적어봅니다. 종이에 적어도 좋고 스마트폰의 메모 앱을 사용해도 좋겠지요.

남자든 여자든 귀여운 것을 좋아한다면 그것을 자유롭게 적어보세요. 예쁜 것이나 멋있는 것처럼 추상적으로 적어도 되고 스포츠 관전, 게임, 만화, 유튜브, 근력 운동, 아이돌처럼 구체적이어도 괜찮습니다.

자격증 취득을 좋아하는 사람도 있습니다. 어떤 분은 자격증 따는 게 재밌어서 위험물 처리부터 비서까지 다양한 분야의 자격을 취득했다고 합니다.

우선 자신이 좋아하는 것을 자유롭게 써보고 지금 나의 모습을 돌아보세요. 이미 좋은 의존을 하고 있다면 그대로 유지해나갑니다.

지금 나쁜 의존으로 넘어가려는 상태 같다는 생각이 든다면 그 문제와 원인을 써내려가 봅니다. 사람은 시각적으로 문제를 인식할 때 멈추기가 쉬워집니다.

게임이나 인터넷 쇼핑에 지나치게 돈을 쓴다는 생각이 들면 휴대폰에 등록한 신용카드 정보를 삭제해보세요. 무언가 구입할 때는 현장에서 현금으로 결제하세요. 그러면 '이 돈이면 더 맛있는 점심을 먹을 수 있겠다' '이 돈을 모으면 더 마음에 드는 옷을 살 수 있겠다'라는 사실을 깨닫게 될지도 모릅니다.

게임 내 결제처럼 눈앞에 현금이 없으면 얼마를 냈는지 실감하기가 어렵습니다. 현금으로 낸다고 해도 '이것을 위해서라면 이 돈을 기꺼이 내겠다'라는 생각이 들 때는 당당하게 사용합니다. 이왕이면 귀한 자원을 더 오래 당신을 행복하게 해주는 데에 활용하기 바랍니다.

'관심이 있지만 지금 하지 않는 것'에 대해서도 생각해봅니다.

지금 시작하지 못하는 이유는 무엇인가요? 무엇이 부족한가요? 돈, 시간, 적당한 공간 등 여러 요인이 있겠지요.

그렇다면 먼저 '그 원인이 해소됐을 때 할 일 목록'에 넣어두세요. 목록에 넣어두는 데는 돈도 시간도 공간도 필요치 않습니다.

지금 하고 싶은 일이 아무것도 없다면 이제부터 찾아봐도 좋겠습니다. 의식적으로 관심사를 찾아보려는 새로운 관점 자체가 당신의 일상을 다채롭게 물들일 테니까요.

나쁜 의존에 빠지기 쉬울 때는?

마음이 힘들고 약할 때

안전한 마음의 안식처를 만들기 위해 '자제력을 잃기 쉬운 위험한 대상'은 피하자고 말했습니다. 사람의 마음은 말처럼 쉽게 조절할 수 있는 것이 아니지요. 무의식중에 무언가에 마음을 빼앗기는 순간도 있고 아무리 주의해도 나쁜 의존에 빠져버리는 조건도 있습니다.

사람의 감정은 늘 일정하지 않습니다. 하루 중에도 맑았다가 흐렸다가 변화무쌍합니다. 이는 지극히 정상입니다. 기복 없이 온종일 같은 감정 상태를 유지하는 사람이 오히려 드물겠지요.

늘 차분한 상태로 편하게 지내면 더없이 좋겠지만 우리 마음은 사소한 순간에도 동요합니다. 사려던 빵이 매진되었을 때, 바로 앞에서 엘리베이터 문이 닫혔을 때, 하찮은 실수를 했을 때처럼 작은 일에도 살짝 우울해지곤 합니다.

살다 보면 훨씬 더 기분이 가라앉는 일도 생깁니다. 가족 관계가 삐걱거릴 때, 회사에서 불합리한 질책을 들었을 때, 악성 소비자의 집요함에 시달릴 때, 연인과 헤어지거나 소중한 물건을 잃어버렸을 때도 침울해집니다. 또 공복이나 수면 부족일 때도 사람은 부정적인 감정에 휩싸입니다.

크고 작은 일들로 마음이 부정적인 상태로 가라앉을 때 조금만 좋은 일이 생겨도 뇌는 '이 경험은 기분을 엄청 좋게 만든다'고 과대평가합니다.

마음이 평온한 상태를 0, 기분이 좋을 때를 5~100, 부정적일 때를 -5~-100으로 표시한다면, 마음 상태가 0일 때 뇌는 눈금 5 수준의 좋은 일을 '+5만큼의 기쁨'으로 인식합니다.

기분이 몹시 가라앉았을 때, 즉 마음 상태가 -20일 때는 눈금 5를 가리킬 만한 일을 '+25만큼의 기쁨'으로 받아들입니다.

이것이 결과적으로 평생 마음을 지탱해주는 좋은 의존이 될 수도, 인생의 마이너스를 만드는 나쁜 의존이 될 수도 있습니다. 이때는 +5를 +25로 과대평가하므로 대상에 따라서는 '+25'의 기쁨을 얻기까지 의존 행동을 그만두지 못하는 나쁜 의존으로 발전하기 쉽습니다.

마음이 약해져 있을 때 느끼는 '플러스'는 현실을 크게 왜곡한

보정의 효과일 수 있으니 특히 주의하기 바랍니다. 적당히 폭넓게 좋은 의존 대상을 만들어둘 필요가 있습니다.

거듭 '적당히'를 강조하고 있으나 사실 무엇을 적당히 하는 것은 무척 어려운 일입니다.

우리는 어렸을 때부터 '뭐든지 최선을 다해라!' '중간에 그만두지 말고 끝까지 해야 한다!'라고 귀가 따갑도록 교육받았습니다. 갑자기 적당히 하라고 하면 어느 정도가 적당한 것인지 감이 오지 않겠지요.

제가 생각하는 '적당히'에 대해 정의를 내려봤습니다.

'그 행동을 하면서도 아무 문제 없이 일상생활이 가능한 것.'

정신건강의학과를 찾아올 만큼은 아니어도 살다 보면 등산을 하는 것처럼 높은 언덕과 험한 골짜기를 만나기 마련입니다. 성실한 사람일수록 어려움이 닥쳤을 때 정면을 공략하려다가 조난의 위기에 처합니다. 이처럼 인생의 위기에 해당하는 힘든 시기에 특히 나쁜 의존에 빠지기 쉽습니다.

책과 잡지, SNS에 '마음 편해지는 방법'들이 넘쳐납니다. 모두가 지쳐 있는 시대라는 의미겠지요. 월급은 제자리걸음, 인플레는 심해지고 국제 정세는 불안하기만 합니다. 고된 세상살이는 험난한 등산길과 같습니다.

험난한 산길을 어떻게 덜 힘들게 오를 것인가 생각하지 않으면 결국 지쳐 떨어지고 맙니다. 꾸준히 걸어가려면 좋은 지팡이가 필요합니다. 좋은 지팡이는 인생이라는 등산을 포기하지 않게 도와줍니다. 중간에 그 지팡이를 잃어버려도 좌절하지 않고 다시 좋은 지팡이를 찾아내는 것, 그것이 적당한 의존입니다.

저는 어디까지나 여러분의 인생 등산길에 동행하는 가이드 같은 존재입니다. "이 길은 최단 루트지만 중간에 낭떠러지가 있어서 위험합니다" 또는 "저 길은 거리가 좀 멀지만 길이 평탄해서 걷기가 수월합니다" 하고 루트를 제안하는 역할이지요. 꼭 제가 아니더라도 다른 가이드의 말이 자기 상황에 딱 맞거나 어쩐지 마음에 와닿는다면 인생길에 이정표로 활용해보세요.

세상 사람 모두가 공감하고 동일하게 도움이 되는 '만능 루트'는 존재하지 않습니다. 마음에 강렬한 울림을 주는 말은 개인에 따라 정반대의 인상을 남기기도 합니다. 다른 사람이 좋다고 추천해준 책이 당신에게는 거부감 드는 책일지도 모릅니다. 받아들이는 방식이 사람마다 다른 것은 자연스러운 일입니다.

인생을 여행에 비유하기도 하지요.

갑자기 비가 내려도 튼튼한 우산이 있으면 젖지 않습니다. 우산은 스스로 준비해도 좋고 다른 사람에게 빌려도 괜찮습니다.

그 우산이 여러분의 인생을 편안하게 해주는 좋은 의존이 될 테지요. 비가 너무 많이 쏟아질 때는 그칠 때까지 커다란 나무 아래서 잠시 쉬었다 가도 괜찮습니다. 무작정 걷다가 흠뻑 젖거나 우산 자체에 정신을 빼앗겨서 정작 중요한 여행의 목적을 잊지는 마세요.

　먼 거리를 갈 때는 도중에 잠시 쉬어갈 수 있는 중간 목적지를 정해두면 여정이 한결 수월해집니다. 인생이라는 긴 여정에서 잠깐 쉬어갈 수 있는 중간 쉼터가 누군가에게는 최애 콘서트, 손꼽아 기다려온 게임 발매일, 평소엔 가기 힘든 온천일 수 있습니다. 쉼터의 존재는 그곳에 이르기까지 단조로운 나날에 활기와 의욕을 불어넣어 줍니다.

　계속 걷기만 하는 단조로운 생활에 의식적으로 좋은 의존을 다양하게 배치해보세요. 생활에 변화가 생기고 일상이 다채로워집니다. 좋은 의존으로 힘든 순간도 좋은 추억으로 바꿔보세요. 나만의 생존 기술로 활용할 수 있습니다.

어쩔 수 없이 나쁜 의존에 빠졌다면?

스스로 깨달았다면 나쁜 의존에서 절반 이상 벗어난 상태

여기까지 읽으며 자신의 나쁜 의존 또는 의존증을 인식하게 된 사람도 있을 겁니다. 그렇다면 이미 나쁜 의존을 절반 이상 극복한 셈입니다.

'그저 인식만 했는데? 과장 아니야?'라고 생각하나요?

나쁜 의존을 인정하는 어려움

의존증은 '부정의 병'이라고도 합니다. 알코올 의존증 환자가 외래 진료를 받으러 오는 계기는 대부분 주변 사람의 권유입니다. 본인은 내키지 않는데 마지못해 오는 사람이 많습니다. 스스로 술을 끊고 싶어서 병원을 찾는 사람은 극히 드뭅니다.

타인의 진료 권유는 그 사람이 술을 마심으로써 주변에 피해를 주었고 스스로 통제 불가능한 상황임을 의미합니다. 분명 진료를 권하기 전까지 주변에서는 수없이 술을 그만 마시라고 조언했을 테지요. 그런데도 그만두지 못하니 진료를 권유하거나 명령하기에 이른 것입니다.

주변에서 그토록 만류하는데 왜 술을 끊지 못할까요? 이유는 아주 간단합니다. 그 사람은 알코올 없이는 살아가기가 힘들기 때문입니다. 맨정신으로 사회와 마주할 수 있다면 일찌감치 술을 끊었을 것입니다. 따라서 스스로 통제가 불가능한 상태입니다.

알코올이나 카페인은 '신체 의존'이라는 증상을 동반합니다. 신체 의존이란 뇌가 '체내에 이런 물질이 있어야 정상 상태'라고 오해할 때 발생합니다. 체내에 해당 물질이 없어지면 한기, 식은땀, 손떨림 같은 증상이 나타납니다.

신체 의존을 동반하는 물질의 특징은 문제를 자각했을 때는 멈추고 싶어도 멈출 수가 없다는 것입니다. 술값이 없어서 빚을 지거나 술에 취해 출근하지 못하거나 취해서 기억이 끊긴 사이에 엄청난 짓을 저지르는 등 사회적으로 문제가 발생했을 때는 이미 스스로 통제할 수 없는 상태입니다.

신체 의존이 생기면 술을 마시지 않고는 가만히 앉아 있는 것조차 힘들어집니다. 돈이 없으면 훔쳐서라도, 안 보이는 곳에 숨

겨놓으면 어떻게든 찾아내서라도 마시고 싶어 하는 '탐색 행동'
이 나타나기도 합니다. 뇌에서 내리는 '명령'이기에 인내심 같은
이성은 무력합니다.

이런 탐색 행동은 도파민의 분비와도 관련이 있습니다. 그래서
나쁜 의존에서도 비슷한 행동이 나타납니다.

알코올이 없으면 살아가지 못하는 상태라고 스스로 인정하는
것은 더 어렵습니다. 많은 사람이 의존증의 메커니즘을 모르고
흔히 '게을러서, 의지가 약해서, 성격이 못나서' 의존증에 걸린다
고 생각합니다. 당사자도 그렇게 생각하기 때문에 '나는 아직 그
런 상태가 아니다. 언제라도 마음먹으면 상황을 바꿀 수 있다'라
며 부정합니다.

스마트폰에 나쁜 의존을 하는 사람은 특별한 목적 없이 자꾸
스마트폰을 들여다봅니다. 스마트폰을 열면 온갖 정보가 끊임없
이 머릿속에 들어옵니다. '작은 자극'을 계속 얻을 수 있습니다.
뇌는 이런 자극을 무척 좋아합니다.

스마트폰에 의존하지 않는 사람은 용건이 있을 때만 스마트폰
을 보지만 스마트폰에 의존하거나 그런 경향이 있는 사람은 스
마트폰을 보기 위해 용건을 만듭니다.

의존 대상이 달라져도 모든 나쁜 의존은 비슷한 양상을 띱니

다. 나쁜 의존을 하는 사람은 '늘 최신 정보를 얻고 싶으니까' '연락이 와 있을지도 모르니까' '거절하기 미안하니까' '한정품이라 지금밖에 구할 수 없으니까'처럼 이런저런 구실을 만들어 그 자극에서 벗어날 수 없는 이유를 댑니다. 그러면서 어쩔 수 없다며 정색합니다.

왜 나쁜 의존과 의존증을 인지하기만 해도 절반 이상 극복한 셈이라고 했는지 알겠지요? 스스로 통제할 수 없는 상태임을 인정하는 데는 큰 의미가 있습니다.

자신의 상태를 인정한다고 해서 곧바로 그 상태를 벗어나는 것은 아니지만, 아무런 지식 없이 부정하던 때와는 다릅니다. 이제는 의존이 무엇인지 압니다. 도구를 사용할 때도 구조와 원리를 이해해야 한결 효율적으로 활용할 수 있습니다. 스마트폰도 여러 기능을 파악하고 있어야 상황에 맞게 활용하기가 쉽겠지요.

자신의 나쁜 의존을 깨달았다면 이제 '왜 그것을 다른 것으로 바꾸지 못하는지' 생각해봅시다. 답은 오직 여러분의 마음 안에 있습니다.

직시하기가 괴롭거나 혼자서는 마음을 더듬어보기 힘들다면 전문 병원의 도움을 받아보세요. 자조모임이나 SNS처럼 같은 대상에 나쁜 의존을 하는 사람들의 그룹에 상담해봐도 좋습니다. 설령 원인을 찾지 못해도 대상에의 노출 시간을 물리적으로 줄이면서 의존도를 조금씩 낮춰갈 수 있습니다.

스마트폰 의존이라면 '스마트폰을 사용할 수 없는 장소에 가기' '보이지 않는 곳에 넣어두기'도 유용한 방법입니다. 최근에는 '디지털 디톡스' 실천 사례도 여기저기 소개되어 있으니 참고해봐도 좋겠습니다. 특정 자극에서 일정 기간 멀어지면 뇌는 그 자극이 없는 상태에 점차 익숙해집니다.

스스로 통제할 수 있는 좋은 의존을 만드는 것도 나쁜 의존을 줄여가는 데 도움이 됩니다. 지금까지 나쁜 의존 대상에 기대어 살아왔는데 갑자기 그 대상이 사라지면 무너져버릴까 봐 두렵기도 하겠지요. 이때는 다른 버팀목이 될 만한 대상을 찾아보세요. 생활에 부담을 주지 않을 좋은 의존을 발견하면 자연스럽게 나쁜 의존 대상과 멀어질 수 있습니다.

나쁜 의존이나 의존증을 알아챘을 때

주변의 누군가가 나쁜 의존에 빠져 있거나 의존증이 아닐까 걱정하는 사람도 있을 겁니다. 형편없는 연인에게 헌신하는 친구, SNS에서 거짓말까지 하며 '좋아요'를 받으려는 지인, 도박 빚을 진 직장 동료 등. 안타깝게도 그들의 귀에는 주변에서 보내는 걱정 어린 말이 들리지 않습니다.

자기 행동에 지치고 스스로 그만두고 싶은 마음이 생겨 당신에게 도움을 요청했을 때 이 책에서 배운 의존 대상과 거리 두는 법을 알려주세요.

본인이 멈추기를 바라지 않는 이상 어떤 말도 마음에 와닿지 않습니다. 그때 왜 충고를 듣지 않을까 초조해하지 말고 '지금 저 사람은 그 대상이 없으면 살아갈 수 없구나' 하고 받아들이세요. 그의 상태를 받아들이는 일은 자신의 나쁜 의존이나 의존증을 인정하기보다 더 어렵고 힘든 일일지도 모릅니다. 당신에게 소중한 사람이라면 더욱 그렇겠지요.

상대의 마음은 내 마음 같지 않습니다. 상대방이 이야기를 들을 마음이 생겼을 때 당신의 지식이 위력을 발휘할 수 있습니다. 세상에 쓸모없는 지식은 없습니다.

좋은 의존을 찾는 방법

실제로 좋은 의존을 발견한 사람들 이야기

"도파민인지 뇌의 보상 회로인지와도 연관이 있으니 감당하기 어려운 나쁜 의존은 피하고 좋은 의존을 많이 하라는 얘기죠? 자, 이론은 이해했어요! 어떻게 해야 좋은 의존을 할 수 있지요? 그 대상을 대체 어떻게 찾아요?"

여러분의 이런 호소가 들리는 듯합니다. 어떻게 해야 좋은 의존을 할 수 있을까 많이 궁금하겠지요.

'단 하나, 이것만 하면 좋은 의존 완전 정복!'이라고 단언하고 싶지만 모두에게 적용되는 제안은 불가능합니다. 각기 다른 개성을 지닌 모두가 공감하는 '정답'은 아마도 없으리라 생각합니다. 나이, 성별, 직업, 가정환경 등 각자의 상황에 따라 적용할 수 있는 내용은 달라집니다. 자기 상황에 맞춰 응용해볼 수 있도록 구체적인 예시를 소개하려 합니다. 세부사항은 달라도 참고할 만한 부분이 있다면 적극적으로 자신의 상황에 비추어 검토해 보기 바랍니다.

의존 대상과 사고방식, 대비책이 많으면 많을수록 문제가 발생했을 때 대응하기 쉬워집니다. 의존 대상을 찾는 데 힌트를 주는 두 사례를 살펴보겠습니다.

취미가 자격증 취득인 사람이 있습니다. 그는 업무와 관련된 분야뿐만 아니라 전혀 관련 없는 분야의 자격증을 따는 것도 즐깁니다. 언젠가 동료에게 "왜 그렇게 자격증을 따는 거야?"라는 질문을 받고 이런저런 생각을 해봤습니다.

초등학교 때부터 부모님이 시켜서 한자나 주판 등 여러 가지를 배우러 다녔습니다. 특별히 하고 싶지도, 그렇다고 그만두고 싶지도 않았습니다. 그저 성실하게 다닐 뿐이었으나 돌이켜보면 중간중간 시험을 치르며 무의식중에 '노력하면 좋은 결과가 나온다'는 보상 체험을 쌓아왔던 것 같습니다. 공부한 만큼 좋은 결과가 따라오니 즐겁다는 사고회로가 굳어진 것이지요.

어른으로 성장한 후에도 이런 식의 좋은 의존을 만들 수 있을까 싶겠지만 저는 어느 때든 늦지 않았다고 생각합니다.

자격증 취득이라는 취미는 투자하는 돈과 시간, 난이도를 자유롭게 선택할 수 있습니다. 시험에 합격하지 못해도 공부한 만큼 지식은 늘어나니 합격과 불합격은 그리 문제 되지 않습니다. 지식은 예기치 못한 곳에서 활용되기도 하니까요. 여담이지만 제가 인터넷 서핑으로 얻은 잡학도 무의식중에 유용한 화젯거리로 활용됩니다.

인간의 호기심은 '생존 수단의 확대'라는 욕구에서 비롯됩니다. 업무 능력 개발을 지원하는 회사 보조금을 활용하여 업무상 자격증을 취득해두면 언젠가 이직에 도움이 될지도 모릅니다. 자격 취득 후 재시험을 치러 자격을 유지할지 말지는 유지비를 고려하여 그때그때 결정하는 편이 좋겠지요.

위 사례의 주인공은 새롭게 자격증 준비를 시작할 때 서점 자격증 참고서 코너를 둘러본다고 합니다. 새롭게 나온 자격증은 뭔지, 요즘 유망한 자격증은 어떤 건지 파악하기가 쉽다더군요. 여러분도 어떤 공부를 시작할지 감이 오지 않는다면 서점에 가서 다양한 책을 둘러보면 좋습니다.

'공부라니, 스트레스가 더 쌓인다!'는 사람도 있겠지요. 공부를 하면 왜 스트레스가 쌓일까요? 이제껏 흥미를 느끼지 못하는 것만 공부했기 때문은 아닐까요? 하고 싶어서 하는 공부는 재미있습니다. 흥미로운데도 스트레스를 느낀다면 불합격에 대한 불안감이 원인일지도 모릅니다.

세상에는 '업무상 반드시 단 한 번에 합격해야 하는 특수 시험'이 존재할 수도 있습니다. 그런 경우가 아니라면 불합격했을 때 '합격하지 못한 원인 찾기' 외에는 생각할 필요가 없습니다.

시험을 준비하는 데 투자한 돈과 시간이 손해처럼 느껴지나요? 그러나 그 투자로 '불합격은 실패다. 실패는 용납할 수 없다'는 자신의 고정관념이 바뀐다면 전혀 손해가 아닙니다. 한번 굳어진 사고방식은 바꾸고 싶어도 좀처럼 바뀌지 않습니다. 그렇게 생각하면 이때의 투자는 충분히 가치가 있습니다.

뇌는 도파민이 나오는 일시적 변화는 좋아하지만 장기적으로 커다란 변화가 생기는 것은 꺼립니다. 변화가 크면 평소와는 다른 패턴으로 움직이게 되므로 뇌의 에너지 소비가 늘어납니다. 에너지를 많이 사용하는 행동은 언제 먹이를 얻을지 모르는 야생의 동물에게는 최대한 피하고 싶은 일입니다. 그 본능에 따라 뇌는 '익숙해서 아무 생각 없이 무의식중에 할 수 있는 행동'으로 수정하고 에너지 소비를 줄이려 합니다. 습관으로 굳어진 행동이나 사고방식으로 움직일 때 뇌는 에너지를 절약합니다.

실패하는 데 익숙지 않은 사람에게 실패는 '부정적 변화'이므로 도파민은 나오지 않습니다. 에너지를 소비했는데 도파민이라는 보상이 없으니 의욕이 생기지 않고 '실패는 나쁜 것!'이라고 각인됩니다.

살면서 실패의 순간을 피할 수는 없습니다. 자잘한 실패 경험으로 실패에 대한 두려움을 극복해보세요. 이런 연습으로서 자격증 취득은 꽤 추천할 만한 취미입니다. 어떻게 하면 실패를 극복할 수 있을까 생각하면서 도전 정신이 자랍니다. 그렇게 살다 보면 커다란 실패를 맞닥뜨렸을 때도 담담히 털고 일어날 수 있을 테지요.

야외활동을 좋아하는 사람에게 도움이 될 만한 이야기입니다.

운동선수 출신인데 책상에만 앉아 근무하는 직장인이 있습니다. 야외활동을 즐기고 싶었지만 선수 시절에 비해 체력이 현저히 떨어져 조금 우울했습니다.

그러다 SNS에서 '1인 캠핑'에 대한 내용을 보게 되었습니다. 이리저리 둘러보다가 '나만의 텐트 만들기'를 발견했습니다. 시판 텐트가 그리 마음에 들지 않았던 그는 만드는 사람의 개성이 고스란히 녹아 있는 근사한 맞춤 텐트를 흥미롭게 구경하다가 머릿속에 떠오르는 아이디어를 그림으로 그려보았습니다.

그림 그리기를 좋아한 그는 나만의 텐트를 구상하면서 오랜만에 그림을 그리기에 열중하느라 시간 가는 줄도 몰랐습니다.

새삼 자기가 좋아하는 것과 재회한 기분이 들었습니다.

컴퓨터 프로그램까지 이용해 시판 텐트에서 불만스러웠던 점을 개선해서 조합해보았습니다. 그러다가 직접 캠핑을 하면서 텐트를 사용해보고 싶어졌습니다.

그 무렵 그는 텐트보다 작은 잡화 따위를 실제로 만들고 있었습니다. 가족의 요청으로 이런저런 잡화를 만들어주기도 했습니다. 그 덕분인지 자기가 만든 캠핑용품을 실제로 현장에서 사용해보고 싶은 그의 마음을 가족들은 이해해주었습니다. 드디어 1인 캠핑에 직접 만든 텐트를 활용하는 날이 왔습니다.

오랜만에 낚시도 했습니다. 잡은 물고기를 그 자리에서 손질해 먹으니 평소 밖에서 사 먹을 때와는 전혀 다른 맛이었습니다. 가게에서 파는 물고기보다 작고 손질하는 번거로움도 있었지만 그에게는 직접 잡은 물고기가 훨씬 더 가치 있게 느껴졌습니다.

이야기를 들려주는 그는 무척 행복해 보였습니다. 이런 질문을 덧붙였습니다.

"요즘 이 취미 덕분에 정말 즐겁습니다. 그런데 제가 뭐든 한순간에 확 빠졌다가 금방 질리기도 해서 조금 걱정이 됩니다. 어떻게 해야 이 즐거움을 오래 유지할 수 있을까요?"

현재 좋은 의존을 하는 모두에게 참고가 될 만한 질문이라고 생각합니다.

'인간의 뇌는 변화에 반응해 도파민을 방출한다'라는 보상 회로에 대해 여러 번 언급했지요. 자격증 취득이나 낚시는 늘 변화가 나타나는 좋은 자극을 제공합니다. 실제로 자격증 취득이 취미인 사람이나 1인 캠핑용품 제작자에게 '응시하면 반드시 합격하는 시험'이나 '늘 똑같은 물고기가 잡히는 낚시'에 대해서 어떻게 생각하냐고 물어봤더니 "그런 건 금방 질리겠지요"라는 반응이 돌아왔습니다. 이는 매우 자연스러운 느낌입니다.

의존증 연구에서 자주 인용되는 원숭이 실험이 있습니다. 세가지 버튼을 설치하고 원숭이의 행동을 관찰한 실험입니다.

1번 버튼 : 누르면 먹이가 나오는 버튼

2번 버튼 : 누르면 다섯 번째에 먹이가 나오는 버튼

3번 버튼 : 누르면 언제 먹이가 나올지 모르는 버튼

원숭이는 공복 시에만 1, 2번 버튼을 눌렀습니다. 3번 버튼은 공복 여부와 관계없이 눌렀습니다. 3번 버튼을 눌러 먹이가 나오면 1, 2번을 눌렀을 때보다 도파민이 더 많이 분비되었습니다.

결과가 확실할 때보다 불확실할 때 도파민이 더 많이 분비된다는 사실을 확인할 수 있습니다.

콘서트 맨 앞자리 티켓이 언제나 보장된 상태라면 공연을 기다리는 설렘은 분명 덜하겠지요. 공연 티켓을 힘들게 얻을수록 기쁨은 더욱 커집니다. 공연 날까지 사소한 해프닝조차 좋은 추억으로 남습니다.

이런 특징을 반대로 적용하면 예전에는 엄청 재밌었던 책이 요즘에는 그저 그렇다거나 보고 나면 늘 기운 났던 영화가 요즘엔 효과가 덜한 것처럼 질리거나 싫증이 나는 느낌의 정체도 이해할 수 있습니다.

마음의 안식처를 여러 군데 만들라는 제안은 '많은 대상의 의존도를 어느 정도 낮은 수준으로 유지해야 질리지 않는다'는 의미이기도 합니다.

인생이 늘 완벽하게 좋은 상태일 수는 없겠지요. 우리는 눈앞에 닥친 어려움에만 마음을 빼앗기기 쉽습니다. 그때마다 마음의 안식처에서 다양한 삶의 원동력을 얻어보세요. 인생이 한결 여유로워집니다.

좋은 의존은 삶의 활력을 준다

나의 부족한 부분을 채우며 사는 즐거움

의식적으로 좋은 의존을 형성하고 그 에너지를 활용해 인생의 목표를 달성한 성공 사례를 소개합니다.

다른 사람과의 소통이 힘들다고 스스로 인정할 만큼 내향적인 사람이 있습니다. 남들 앞에서 말하는 것을 어색해하고 사람보다 책을 좋아해서 대학 전공도 문학으로 선택했습니다.

대학에서도 집단에 어울릴 자신은 없었습니다. 동아리도 들지않고 오로지 학업에만 전념하던 중 취업을 준비할 시기가 되었습니다. 주변을 둘러보니 서로 다양한 정보를 교환하는 듯했지만그에게는 친하게 터놓고 이야기할 친구가 별로 없었습니다. 몇 안되는 친구들도 하나둘 취업이 정해져 점점 초조해졌습니다.

열심히 입사지원서를 내봐도 면접 기회는 좀처럼 오지 않았습니다. 태어나 줄곧 불황이라는 말을 들어왔지만 취업의 문은 생각보다 더 좁았습니다.

막상 면접에 가보니 밝고 힘차게 발언하는 지원자들 사이에서 기분은 더 침울해졌습니다. 이 기간이 길어질수록 이러다 영영 기회가 오지 않을까 봐 걱정되고 어떻게 하면 좋을지 혼란스럽기만 했습니다.

쉴 때도 '취직도 못 했는데 책을 읽으며 시간을 보내도 되나'라는 부담감 때문에 면접에서 활용할 소재 탐색을 위해 관심 없는 정치 관련 유튜브 영상을 틀어놓습니다.

그러다 문득 친구가 이야기했던 아이돌 그룹이 떠올랐습니다. 멤버 이름까지는 생각나지 않지만 그룹명은 어렴풋이 기억납니다. 아이돌 이야기를 하면서 행복해하던 친구의 얼굴을 떠올리며 그 그룹을 검색해보았습니다.

그곳에 한 줄기 빛이 있었습니다. 해맑게 웃는 얼굴, 밝고 긍정적인 노랫말, 경쾌한 춤이 있는 세계. 아이돌의 공연 영상이 지친 몸과 마음에 단비가 되었습니다. 화면에 비치는 아이돌은 눈부시게 반짝이는 별 그 자체였습니다.

몇 곡을 듣고 나서 앨범 전체를 다운로드했습니다. 입사지원서를 쓸 때, 면접을 보러 가는 전철 안에서 그 노래들은 그에게 커다란 용기를 주었습니다. 그러다 보컬을 맡은 한 멤버에게 점점 빠지기 시작했습니다. 이전에는 SNS에 별 관심이 없이 살았지만 좋아하는 멤버의 팬 계정을 만들어 활동하다 보니 다른 팬들과 소통도 하게 되었습니다.

지원했던 회사에서 보낸 불합격 안내 메일을 받거나 면접 일정을 확인하면서 우울하게 시작하던 아침이 확 달라졌습니다. 아이돌 신곡으로 설정해둔 신나는 알람 소리에 눈을 뜹니다. 알람의 밝고 긍정적인 노랫말이 기운을 북돋아 줍니다. 일어나자마자 아이돌 그룹과 최애 멤버의 공식 계정에 새 글이 있는지 확인합니다. 밤사이 도착한 팬 친구들의 메시지를 읽으며 아침을 먹습니다. 그리고는 입사지원서 작성, 면접 준비 등 취업준비생의 할 일을 이어갑니다. 팬덤 활동이라는 새로운 루틴은 일상에 아무런 문제를 일으키지 않습니다.

면접 전 긴장된 순간에 좋아하는 멤버의 인터뷰를 떠올립니다. "무대에 오르기 전에는 늘 긴장돼요." '스타도 긴장하는데 내가 긴장하는 건 당연해! 괜찮아!' 하고 스스로 다독입니다. 아이돌 멤버의 언행에 영향을 받아서 말투와 표현법도 긍정적으로 바꿨습니다.

면접에서 잘 풀리지 않거나 불합격 통지를 받은 날에는 혼자 노래방에 가서 좋아하는 노래를 맘껏 부르면서 스트레스를 해소

합니다. '취업하면 꼭 콘서트에 가야지! 열심히 일해서 돈을 모을 거야!' 하고 굳게 다짐합니다. '다들 하니까' 그저 따라했던 취업 활동에 의미가 생겼습니다. 취업에 성공해 자유롭게 콘서트에 가고 싶다는 명확한 목표와 의지를 갖게 되었습니다.

팬들끼리의 소통이 취업 활동밖에 모르던 그의 SNS 세계를 다채롭게 물들였습니다. 그들과 공통 관심사에 대해 이야기 나누는 시간은 무척 즐겁습니다.

그에게 아이돌 그룹의 존재는 괴롭고 힘들어 주저앉고 싶었던 순간에 응원과 위안이 되어 마음을 든든하게 지탱해주었습니다. 그는 마침내 무사히 취업에 성공했습니다.

아이돌의 인기는 정세 불안 및 경기 불황과 깊은 연관이 있다고 하지요. 일본에서는 1930년대 쇼와 초기부터 시작이 되었다고 알려져 있어요. 그때부터 아이돌은 일상의 폐쇄적 막막함에서 벗어나 비일상적 개방감으로 가는 다리 역할을 해왔습니다. 이런 아이돌의 역할을 '무녀의 능력'에 빗대어 표현하는 민속학자도 있습니다.

우리는 일상에서 많은 사람을 만나면서 좋든 싫든 타인의 단점을 발견합니다. 가슴 깊이 존경하는 사람이라도 단점은 보이겠지요. 그렇기에 직접 만날 수 없는 아이돌을 이상화할 수 있습니다. 실제로 만나보면 마음에 안 드는 구석이 꽤 있을지도 모릅니다. 평생 만날 일은 없으므로 지금처럼 꾸준히 자기관리에 힘쓴다면 스타는 영원히 닮고 싶은 사람으로 남을 수 있습니다. 언제까지나 착하고 밝고 성실한 사람, 아무리 괴로워도 다시 힘차게 일어서는 사람으로 말이지요.

내가 좋아하는 스타가 지치고 힘들 때 어떻게 할까 생각해봅니다. '아무리 힘들어도 착하고 밝고 성실하게, 그리고 다시 힘차게 일어나려고 노력할 것'이라고 상상합니다. 아이돌은 팬들에게 일종의 신앙처럼 마음에 든든한 버팀목이 됩니다. 좋아하는 아이돌 이야기를 하면 표정이 밝아져 듣고 있는 사람까지 행복해질 정도로 에너지를 발산하는 사람들이 많습니다. 좋은 의존은 자기 성장의 원동력이 되는 소중한 존재입니다.

힘들 때 의지하는 인생 지팡이 찾기

지금까지 다양한 각도에서 사람이 무언가에 빠지는 이유, 그때의 감정과 관련된 뇌의 작동 구조를 함께 살펴봤습니다.

뭐든지 호르몬 탓으로 돌리는 것이 억지스럽게 느껴졌을 수도 있고 이제껏 느낀 정체불명의 감정이 이해됐을 수도 있겠지요.

이 글을 쓰는 저 자신도 '의존하지 않는 사람은 없다'라는 문장에서 '맞아. 그렇지' 하고 새삼 신기한 기분이 들었습니다. 의존이라는 단어에는 '해서는 안 되는 것' '자립하지 못한 증거'라는 뉘앙스가 있습니다. 그러나 우리는 아무것에도 의존하지 않고는 살아갈 수 없습니다.

삶이란 뇌가 만드는 생존 전략의 연속입니다. 현실을 사는 우리는 매일 이성에 또는 본능에 휘둘리며 살아가지만, 인류에게 이성이 있는 이유는 본능만 따를 때보다 이성이 있을 때 생존율이 높아지는 전략 때문이겠지요.

이 책에서는 의료의 개입이 필요한 의존증과는 별개로 스스로 조절 가능하고 의욕과 동기부여로 이어지는 좋은 의존과 스스로 통제가 불가능해 자신을 망가뜨리는 나쁜 의존을 다양한 예를 통해 살펴보았습니다. 왜 의존의 적정선을 지켜야 하는가도 이야기했습니다.

월급이 100만 원인 사람과 2,000만 원인 사람에게 '50만 원의 소비 행위'는 그 무게가 다릅니다. 같은 금액이라도 월급날 10만 원의 가치와 월급 받기 일주일 전 1만 원의 가치 역시 다릅니다. 때와 장소에 따라 같은 물질에서 느끼는 자극의 정도가 달라진다는 점도 알아두면 좋겠습니다.

받아들이는 방식에 따라 자극의 형태도 달라집니다. 몹시 지쳤을 때 들은 위로의 말, 힘들고 어려울 때 베풀어준 선행에 대한 감사를 느낄 줄 알면 삶은 조금씩 나은 방향으로 흘러갑니다. 타인의 따가운 조언을 듣고 삶의 방식을 되돌아볼 줄 안다면 조금씩 더 나은 사람이 되겠지요.

우리는 대부분 타인의 말과 행동 때문에 화나고 언짢았던 일만 기억합니다. 삶의 방식을 바꾸려고 하지는 않지요.

부정적인 기억은 본능적으로 생존과 관련 있기 때문입니다. 야생의 동물은 어떤 풀을 먹고 나면 아팠다는 기억을 남겨둬야 합니다. 그렇지 않으면 그 식물을 또 먹을 수도 있습니다. 다음번 에는 목숨을 잃을지도 모릅니다.

인류는 고도의 문명을 만들고 다양한 사상을 문자로 남겼습 니다. 철학·문학·경제학·정치학 등 각 분야의 문화를 쌓아왔습 니다. 그 근간에는 '생존'이 있습니다.

인간의 행동 원리는 생존을 빼놓고 이야기할 수 없습니다. 생 물로서 포기할 수 없는 본능이 작용합니다. 그러므로 다양한 각 도에서 어떤 이야기를 하든 생존이라는 하나의 목적이 있기에 거 의 모든 이야기는 어딘가에서 본 듯한 내용이 됩니다.

인생길은 평탄하지만은 않습니다. 준비가 필요합니다. 지도에 없는 길을 걸을 때는 앞을 예상할 수 없어 힘들겠지요. 울퉁불퉁 한 돌길에 한 걸음 내딛기조차 버거운 순간이 있을지도 모릅니다. 함께 걷던 동료 때문에 다치는 날도 있습니다.

저는 인생이라는 길을 저마다 다른 방식으로 나아가도 된다 고 믿습니다. 계속 걸어서 지쳤다면 잠시 앉아서 쉬어도 됩니다. 걷지 않고 자전거를 이용해도 되고요. 다른 사람이 매일 걷고 있으니 나도 그래야 한다는 고정관념은 버려도 좋습니다.

각자 최종 목적지는 다르지만 지식은 모든 삶의 여정에 유용한 무기가 됩니다. 여기서 말하는 지식이란 '문제가 발생하면 피한다' '공격받으면 도망간다' 같은 것들입니다. 얼핏 간단하면서도 당연해 보이지만 평소에 의식하지 않으면 갑자기 직면했을 때 적절히 대응하기가 어렵습니다.

지금까지 저는 여러분의 인생길에서 좋은 의존을 지팡이로 사용해보라고 권하는 역할을 했습니다. 어떤 지팡이가 있는지, 어떤 식으로 사용하면 좋은지도 알려드렸습니다. 지팡이 중에는 소유 자체가 위법인 지팡이, 의존성이 너무 강해서 피해야 할 지팡이도 있었습니다. 지팡이가 한 개면 부러졌을 때 곤란하니 여분을 준비할 것과 지팡이에 너무 의존하면 나중에는 혼자 걷지 못한다는 것도 전해드렸습니다.

지팡이를 사용하지 않겠다는 사람이 있을지도 모릅니다. 인생길을 나아가기 위해 지팡이를 사용하는 것은 전혀 비겁한 일이 아닙니다.

여유롭게 갖춰두고 목적지까지 적당히 사용하면 됩니다. 나이가 들고 생활환경이 달라지면 목적지를 바꿀 결단도 해야 하고, 목적지가 달라지면 지금껏 써온 지팡이를 내려놓고 새 지팡이를 선택해야 합니다. 이제껏 큰 도움을 준 지팡이를 내려놓는 것을 망설이지 마세요. 영원히 사용 가능한 마법의 지팡이는 이 세상에 존재하지 않습니다. 항상 내 지팡이는 지금 내게 적절한지 확인해보세요. 필요하면 과감하게 바꾸는 것도 좋습니다.

아름다운 여정으로 향하도록 돕는 인생 지팡이와 함께 걷기를 바랍니다. 마지막엔 '그 꽃을 발견해서 행복했다. 지팡이야, 고맙다!'라고 말하며 목적지에 도착하게 될 것입니다.

여러분의 삶에 힘이 되는 다양한 지팡이를 찾으십시오. 이미 찾은 좋은 의존, 앞으로 발견할 좋은 의존으로 근사한 미래가 펼쳐지기를 진심으로 바랍니다.

부디 낡은 가치관에 얽매이지 말고 현재 여러분에게 가장 좋은 의존 지팡이와 인생을 동행하길 바라면서 글을 마칩니다.

기분 좋은 일은 매일 있어

초판 1쇄 2023년 12월 22일

지은이 바쿠@정신건강의
옮긴이 최화연

발행인 주은선
펴낸곳 봄빛서원
주 소 서울시 강남구 강남대로 364, 1210호
전 화 (02)556-6767
팩 스 (02)6455-6768
이메일 jes@bomvit.com
홈페이지 www.bomvit.com
페이스북 www.facebook.com/bomvitbooks
인스타그램 www.instagram.com/bomvitbooks
등 록 제2016-000192호

ISBN 979-11-89325-12-1 03180